本书是山东省教育科学"十二五"规划2015
教学专项课题（课题批准号：XJ15011）研究成果

以学为中心的
小学语文"1+1"助学课堂

YI XUE WEI
ZHONGXIN DE
XIAOXUE YUWEN
YI JIA YI
ZHUXUEKETANG

李玉玺／著

安徽师范大学出版社

责任编辑：李　玲

装帧设计：润一文化

图书在版编目（CIP）数据

以学为中心的小学语文"1+1"助学课堂 / 李玉玺著. — 芜湖： 安徽师范大学出版社，2016.7（2020.6重印）

ISBN 978-7-5676-2490-0

Ⅰ.①以… Ⅱ.①李… Ⅲ.①小学语文课－课堂教学－教学研究 Ⅳ.①G623.202

中国版本图书馆CIP数据核字（2016）第116109号

以学为中心的小学语文"1+1"助学课堂

李玉玺　著

出版发行: 安徽师范大学出版社

芜湖市九华南路189号安徽师范大学花津校区　邮政编码:241002

网　　址: http://www.ahnupress.com/

发 行 部: 0553-3883578 5910327 5910310（传真）　E-mail: asdcbsfxb@126.com

印　　刷: 香河利华文化发展有限公司

版　　次: 2016年7月第1版

印　　次: 2020年6月第2次印刷

规　　格: 700 mm×1000 mm　1/16

印　　张: 13.75

字　　数: 215千

书　　号: ISBN 978-7-5676-2490-0

定　　价: 39.00元

序

　　李玉玺老师的《以学为中心的小学语文"1+1"助学课堂》书稿完成之后,邀我为之作序,我欣然应许。玉玺老师是我工作室的成员,是一位有近二十年教学实践经验,又对小学语文教学有着深刻思考的教师。"以学为中心的小学语文'1+1'助学课堂",是玉玺老师和他的团队近几年实践研究的成果。玉玺老师所在的学校,是我的定点联系学校,这也使我有相对较多的机会了解并参与他们的"1+1"助学课堂教学研究。从当初玉玺老师自己对小学语文教学改革的实践与思考,到他被评为"东营名师工程人选"后带团队进行实践研究,再到后来此项研究被批准立项为市级、省级教育科学规划研究课题,并产生较大的区域影响,作为他名师工作室导师的我,一直是这一过程的见证者,也算是一个指导者。期间,我感受到了他们课堂发生的变化,目睹了同学们在"1+1"助学课堂中的成长过程。

　　读玉玺老师的《以学为中心的小学语文"1+1"助学课堂》书稿,也引发了我对小学语文教学的再审视。当前中小学语文的教学常态可以说依然是教师带着学生一篇一篇地学习教科书上的课文。学生学习的主要内容大多局限于教科书内,即使有拓展,也是不成系统、比较零散和随意的。在这种状态下,语文学习本应拥有的广阔天地变成了狭窄的一隅,学习内容面窄量小。再就是从语文学习的过程看,教师领着学生理解甚至分析课文,对课文内容的认知仍为主要学习指向,不仅语文学习的过程不完整,学生的学习主体地位也没有得到应有的落实。这不禁引发我们的疑问:作为老师,语文课到底要教什么? 到底该怎么教? 语文课应如何提质增效? 玉玺老师的这本书,从实践层面对上述问题作出了回答。

　　"1+1"助学课堂,从形式上看,前一个"1"是从教材中精选的一篇课文或一组课文,旨在让学生掌握一种学习方法;后一个"1"旨在实现前一个"1"中学生获得学习方法后的迁移实践、拓展学习,它既可以实现阅读能力的巩固,也可以实现习作表达能力的提升,还可以实现语文综合实践能力的运用。基于此种设想,该书就"1+1"助学课堂提出了"1+1习作"读写结合课、"1+1篇"阅读整合课、"1+1组"群文阅读课、"1+1本"读书指导课、"1+1实践"综合实践活动课五种课型。助学课堂要想达到相应的教学效果,必须在前一个"1"的教学当中,制订好"语用"等方面的学习目标,然后围绕既定教学目标的达成优选教学内容。其次,助学课堂为语言文字的学习提供了大量的实践机会。前一个"1"指导学生学习运用语言文字的方法,后一个"1"让学生进行语言实践。从这个角度来说,玉玺老师的这本书中阐述的"1+1"助学课堂,为小学语文教学的提质增效探索了一条具有重要实践意义的途径。

"1+1"助学课堂,从内涵上看,前一个"1"主要是指教师教什么,引导学生掌握什么学习方法,要形成何种学习能力,后一个"1"重在体现学生学什么,学习的能力是否得到提升,学生自身是否有所发展。本书中明确提出了"生学为本,师教为助"的理念,这一理念符合教学改革的发展趋势。课堂是学生学习发生的主要场所。教学研究不应局限于研究教师如何教好,更重要的是应研究学生在教师的帮助下如何学会学习,如何学好。玉玺老师提出的助学课堂就是从学生学习的角度来探索改变课堂教学方式的。因此,玉玺老师在本书的第三章"'1+1'助学课堂的实施建议"中,就专门阐述了教师应该如何在课堂教学中助力学生学习,这为我们研究如何指导学生学会学习提供了启示。

在该书出版之际,我也希望玉玺老师能够带领他的团队,依托以学为中心的小学语文"1+1"助学课堂,进一步深化实践与研究,真正实现从"教课文"到"学语文"的转变,实现从语文学科教学改革向语文课程建设的发展,最终实现全面提高学生综合素养的育人目的。这是我们的期盼!

谨以此为序。

孙传文

二〇一六年三月

目 录

第一章 "1+1"助学课堂的理论构建

《义务教育语文课程标准(2011年版)》(下称"语文课程标准")提出,"学生是学习的主体",语文课程要"积极倡导自主、合作、探究的学习方式"。历经十几年的课程改革,小学语文课堂教学取得了较大的成果,但不可否认的是,我们的课堂还存在一些弊端。首先,在阅读教学中,因学生阅读量不达标,影响了阅读效果;其次,传统内容分析式的单篇阅读教学,仍占据课堂教学的主导地位,造成了语文教学的高耗低效;再次,课堂教学中因教学目标的设定和教学内容的取舍等原因,造成学生主体学习地位落实不到位,语文的核心能力达成效果不高。基于上述课堂教学存在的问题,笔者提出并实践了以"生学为本,师教为助"为核心理念的"1+1"助学课堂,取得了较好的效果。

第一节 "1+1"助学课堂提出的背景

在我国,新一轮课程改革已经运行了十多年,该轮课程改革对学校课程建设、学生学习方式等都产生了突破性作用,推动了我国基础教育的发展。随着课程改革的进一步深入、社会的发展等,课程改革中也暴露出了一些相关问题。为了解决这些问题,教育部出台了一系列顶层设计文件,尤其是2014年出台的《教育部关于全面深化课程改革落实立德树人根本任务的意见》和《教育部关于加强和改进普通高中学生综合素质评价的意见》等系列文件,为教育教学改革赋予了新的时代内涵和要求。

"学生是学习的主体。语文课程必须根据学生身心发展和语文学习的特点,爱护学生的好奇心、求知欲,鼓励自主阅读、自由表达,充分激发他们的问题意识和进取精神,关注个体差异和不同的学习需求,积极倡导自主、合作、探究的学习方式。"这是语文课程标准对语文学习方式的诠释。要将这样的学习理念落实到课堂中,真正让学生成为学习的主体,让自主、合作、探究的学习方式落到实处,就要求教师必须树立一种理念:生学为本,师教为助。课堂是学生自主学习的地方,是教师辅助学生学习的地方。基于以学为中心的课堂,笔者提出并实践了"1+1"助学课堂。

一、核心素养:重构未来教育蓝图

"核心素养"这样一个崭新的概念,首次出现在教育部印发的《教育部关于全面深化课程改革落实立德树人根本任务的意见》这一国家级文件中。这个核心概念成为新一轮课程改革的方向,重构着未来教育的蓝图。核心素养究竟是什么? 核心素养是指学生应该具备的适应终身发展和社会发展需要的必备品格和关键能力,突出强调个人修养、社会关爱、家国情怀,更加注重自主发展、合作参与、创新实践。从价值取向上看,它反映了学生终身学习所必需的素养与国家、社会公认的价值观。从指标选取上看,它既注重学科基础,也关注个体适应未来社会生活和个人终身发展所必备的素养。

如此看来,知识将不再是教育教学的唯一目的,"人"的素养回归了教育教学的中心,教育教学也会相应地从"知识核心时代"转向"核心素养时代"。教育的转型势必会造成课程与教学的再造之势,一切知识、资源和方式将会围绕着"学生"展开。一个更加多元的课程体系、一个更加开放的学习形态不久将会出现在教育教学中。面对这样的教育趋势,学生必须具有主动学习的意识,掌握学习的方法,形成学习的能力。因此,助力学生学习的课堂——"助学课堂"将是课堂改革的大势所趋。

二、学会学习:课程改革核心目标

今天在校的学生就是明天社会的建设者。社会的发展对未来社会建设者提出了新的要求,未来社会的公民需要学会学习、学会做事、学会合作、学会创新。为培养适应未来社会发展的公民,今天的学校教育应该积极转变学生的学习方式,让自主、合作、探究的学习方式在课堂上得到真正的运用,让学生学会学习成为核心素养的重要组成部分。

课程再造、课堂转变,究其根本就是要转变教师的教学方式和学生的学习方式。教师要转变以知识和成绩为唯一目标的传统教学理念,形成通过教学生掌握知识这一过程教给学生学习方法的新理念。这一新理念把教师的教转变为助力学生的学,将学生传统单一的接受式学习,转变为教师指导下的自主学习。

未来的学生首先要具有自主做事与独立做事的能力和习惯,成为具有独立精神和健全人格的人。其次,还要学会合作学习,培养善于与人合作共事的能力和习惯,成为具有合作精神的人。再次,还要学会探究性学习,成为具有创新精神和研究能力的人。此外,还要具有实践学习和网络学习的意识和能力以适应社会发展的需要。转变学生的学习方式是课程再造的根,助力学生学习是课堂的本,因此,以"生学为本,师教为助"为理念的助学课堂在课程改革之际彰显了它的生命价值。

三、教育新常态:让教育回归规律

如何理解新常态? 有人用八个字作以精妙概括:不拘常例、不违常情。新常态之"新",意味着不同以往;新常态之"常",意味着相对稳定。新常态就是不同以往的、相对稳定的状态。从哲学的辩证角度来看,新常态就是既要创新发展又要保持稳定,既要增强战略自信又要增强忧患意识,这是一种富含趋势性、不可逆转的发展状态。

那么,新常态下的教育应该是什么样的呢?

新常态下的教育,不是强迫,而是引导;不是灌输,而是浸润;不是施压,而是影响;不是改造,而是改变。它不是让孩子必须成为什么样的人,而是帮助他们成为应该成为的人。

新常态下的教育,在于积淀孩子的素养,提升孩子的素质,因而把孩子的品行操守看得比一纸分数更重要,把孩子的人文素养看得比考试成绩更重要,把育人看得比育才更重要。教育将不再以"分"为向导,以"考"为法宝,以片面追求教育的GDP为目标,而是基于"人"的哲学考量与追问,把培养一个个精神独立、人格完整、品德高尚、懂得担当、能够自食其力的合格公民作为己任。

新常态下的教育,当以人为本,遵从人性,尊重孩子的生命个性,解放孩子的身心,给他们自由发展的空间,鼓励他们不断尝试、直面挫折。

新常态下的教育,会无限相信学生的学习潜力和发展的可能,把课堂还给学生,把时间还给学生,把学习的主动权还给学生,会让学生在自主、合作、探究的学习中学会学习、快乐成长,而不是让他们单纯凭死记硬背、拼时间、拼体力甚至拼生命的方式去提高考试成绩。

新常态下的教育,正如叶圣陶先生所言:"教育是农业而不是工业。"需要我们拥有一颗平常心行走在教育的道路上,因势利导,顺其自然,就像老农对待禾苗一样,按农时施肥浇水,而不急功近利,揠苗助长,在孩子的世界里疯狂开采。

新常态下的教育,校园会成为孩子真正的学园、花园、家园、乐园。在这里,孩子不会被定位为工厂流水线上的一件件产品,他们可以有比较充足的时间与人交往,可以自由自在地参与各种社团活动,读自己喜欢的书,做自己喜欢的事。

教育新常态让教育回归教育规律,以"助力学习、助力创新、助力成长"为核心的助学课堂,将成为教育新常态下课堂教学的最佳方式。

第二节 "1+1"助学课堂的内涵及课型

语文课程标准提出:"学生是学习的主体。"作为教师,要想让学生真正成为学习的主体,则必须树立一种理念:生学为本,师教为助。因此,笔者提出了以学为中心的小学语文"1+1"助学课堂,旨在构建以学生的学为中心的学本课堂,努力让语文课堂教学从课文走向课程,从学科教学走向学科教育。

一、"1+1"助学课堂的内涵

"助,佐也。"(《小尔雅》)"助"就是帮助、协助、扶助,在别人需要的时候给予帮扶。基于"助"的释义,结合当前深入推进课程改革理念、课程重构和课堂再造等背景,笔者提出了以学为中心的小学语文"1+1"助学课堂。助力学习是"1+1"助学课堂的核心,"生学为本,师教为助"是助学课堂的理念。"生学为本"就是以学生的学为中心,突出学生的自主学习、小组合作学习、个人探究性学习;"师教为助"要求教师为学生搭建迁移学习的桥梁,营造学生自主、合作、探究的学习氛围,并做好助学策略,助力学生寻找合适的学习方式进行学习,从而形成学习能力。

"1+1"助学课堂,从教学内容上看,前一个"1"定义为从教材中精选的一篇课文或一组课文,是为让学生掌握一种学习方法,形成某项学习能力而着重教学的基点。后一个"1"是对前一个"1"的深化、拓展、补充和提升,既可以是阅读能力的巩固,也可以是习作表达的深化,还可以是语文实践能力的运用。换言之,就是对学生在前一个"1"中获得的方法和形成的能力进行的迁移运用和巩固提升。"+"则表示教师为学生能力迁移搭建的桥梁。从教学形式上看,前一个"1"主要是指教师的教,后一个"1"则指向了学生的学,"1+1"实现了教与学的有机结合,达成了培养学生学习能力、提升学生综合素养的教学目标。从教学任务上看,前一个"1"主要是指教师教什么,引导学生掌握什么学习方法,形成何种学习能力,后一个"1"是指学生学什么,学习能力是否得到提升,学生自身是否有所发展。

"1+1"助学课堂致力于学生语文素养的提升,指向培养具有核心素养的人。在教学实践中,笔者提出并构建了"1+1习作"读写结合课、"1+1篇"阅读整合课、"1+1组"群文阅读课、"1+1本"读书指导课、"1+1实践"综合实践活动课五种助学课型。这些助学课型指向助力学生习作能力培养,助力学生阅读能力提升,助力学生整本书阅读,助力学生进行语文综合实践活动。

二、"1+1"助学课堂的课型

(一)"1+1习作"读写结合课,读写结合尽显语文本色

"1+1习作"读写结合课中,前面的"1"具体指的是一篇或一组适合学生

学习写作方法的精读文本,教学重点是助力学生读文习得习作方法;后一个"1习作"指的是从课例中学到写作方法后进行的语用练笔,它既可以是几句话的微写作,也可以是一个片段的描写,或是整篇的习作。精读文本旨在让学生学会习作方法,掌握习作技能。"1习作"既是学生习得方法后的运用练习,也是对前文课例阅读的理解和深化,更是一种有效的语言实践。

目前,语文教学中存在学生读的多,却不会写、不能写的怪象。学生怕写作,究其原因就是我们教师没有做好阅读与写作的有效结合,读脱离了写,写游离了读,读写两张皮,所以学生才陷入了"读后依然不会写、仍然惧怕写"的怪圈。

"1+1习作"读写结合课中,前一个"1"学习的主要形式是阅读,学习语言、学习表达,是学生习作方法"输入"的过程,后一个"1"是习作,也就是学生将习得的写作方法"输出"的过程。"输出"的前提是"输入",学生只有通过阅读环节吸收好、消化好,才能妙笔生花,优质"输出"。吴忠豪教授指出,语言分为消极语言和积极语言两种。"输入"的语言是学生习得的消极语言,而"输出"后才转化为了学生的积极语言。从这个角度讲,"1+1习作"是学生学习语言的一种有效方式。

阅读教学中,文本是例子,除了给学生提供知识、帮助学生陶冶情操外,还是学生学习语言、表达形式、写作技巧的范例。"1+1习作"读写结合课为学生学习、运用和积累语言文字提供了良好的实践平台。语文课程标准提出:"语文课程是一门学习语言文字运用的综合性、实践性课程。"这在一定意义上阐明了语用是语文学习的核心,当然,写作只是学生对语言文字运用的一种基本方式。基于这种现状,在"1+1习作"读写结合课中,首先要做好前一个"1"的助学工作,助力学生在阅读中学习语言文字,学到习作方法,掌握习作技巧,形成写作能力。其次要搭建好"+"的桥梁,找到有效的读写结合点,做好后一个"1"的习作指导,进行习作方法的迁移运用和写作能力的迁移提升。

人教版三年级下册语文教材第三组的主题是从不同角度看问题、想问题。单元的习作训练是写一写自己,向别人展示一个真实的你。如果站在整个单元的高度,从读写结合的角度去看本单元的五篇课文,就不难发现这五篇课文中都有人物形象的描写和塑造。

《亡羊补牢》一文中塑造了一个善于倾听意见,及时纠正错误的人物形象;《南辕北辙》一文中则刻画了一个固执己见的人。这两则寓言以对话为主,通过具体事例揭示道理的同时,也展现了不同的人物形象。《惊弓之鸟》这篇课文通过描写人物对话、叙述空弓惊鸟的具体事例,刻画了一个善于观察、勤于思考的更羸。《画杨桃》一文同样以人物对话为主,通过画杨桃这件事情,间接描写了教师严谨认真的性格。《想别人没想到的》这篇略读课文,通过三个徒弟画骆驼的故事,在极妙的画作之中体现了人物机智的性格特点。

总结该单元的写作特点,即都是通过具体事例来刻画人物形象,有的借助人物对话展开,有的直接描写人物形象,有的间接表达人物特点。学生掌握了这些习作方法后就可以迁移到自己的习作训练中:利用对话这一主要表达方式或通过一个具体事例来写写自己或他人。

"1+1习作"读写结合课,指向学生语言文字的运用,是对语文课程基本性质的诠释,这样的课堂教学彰显了语文教学的本色。

(二)"1+1篇"阅读整合课,让阅读教学走向丰腴

"1+1篇"阅读整合课中,前一个"1"指的是课内的一篇精读课文,后一个"1"指的是与前一个"1"相关联的文本,它可以是课内的文本,也可以是课外的文本,既可以是一整篇文章,也可以是某篇文章中的部分段落,甚至是某篇文章中的点睛之笔。后一个"1"的内容可以根据学生学段的特点进行选择,也可以结合学生学习需要,根据精读课例特点进行选择。以文带文的阅读整合课中,教师要围绕学生的学设计自己的助学策略,让学生在前一个"1"中学到学习方法,形成学习能力,在后一个"1"中深化理解、领悟表达、助推能力。

"1+1篇"阅读整合课中一定要落实好教与学的关系,前一个"1"不能单纯地定义为教师的教,后一个"1"不能机械地定义为学生的学。前一个"1"重点落实教师教给学生学习的方法,后一个"1"重点落实教师对学生自主

学习的引领与指导。

在前一个"1"中,教师要根据语文学科特点,遵循学生身心发展规律和学习规律,让学生获得应有的知识、形成学习的能力,在这个过程中,助力学生掌握学习方法,获得学习能力,受到精神滋养,得到身心发展。在前一个"1"中,教师必须理清教育观念:教是学的保障,学是教的目的;学生学习的第一要务不是获得知识,而是在获得知识的同时学会学习。在这样的精读课例中不放弃教师的教,但必须改变教师向着知识目标努力的宗旨,使教师的教指向学生的学,朝着助力学生学会学习而教。后一个"1"中同样不是教师放任学生自由地学,而是学生在教师的引导下有计划、有秩序地向着目标自主学习。

"1+1篇"阅读整合课有以下几种基本形式:一是学生完整地学完一篇文本后,利用学会的学习方法再拓展学习第二篇文本,这是松散组合型"1+1篇"模式;二是找到两篇课文的融合点,把两篇课文融合到一起学,这是紧密融合型"1+1篇"模式;三是某些文本在表达主题或结构方式等方面极其相似,适合对比学习,这种形式称为对比阅读型"1+1篇"模式。这种文本较为特殊,例如,人教版四年级上册语文教材中《白鹅》和《白公鹅》两篇课文就适合这种整合模式。

"1+1篇"阅读整合课是最常用,也是最利于学生能力迁移的一种课型,设计这种课型的关键点在于找准两篇课文的整合点,搭建好学生能力迁移的桥梁。这种课型较好地体现了教与学的紧密结合,这样的学习会让语文教学从单薄走向丰腴。

(三)"1+1组"群文阅读课,让语文学科教学走向学科教育

"1+1组"群文阅读课,就是一篇带多篇的阅读课。它与一般群文阅读课的区别在于,这种模式中的前一个"1"是选取课文中精读的文本为典型课例作为教学基点,后一个"1组"就是选取与第一篇文本相关联的几篇文本组成群文开展教学。前一个"1"是组文的核心,或者说是群文的主题,更是学生学习的需要,后面的"1组"是围绕基点的群组,这样的群文阅读是基于学生的学习本质和学习需要而形成的。"1+1组"群文阅读课改变了传统

单篇文章指向性强、内容单薄、不利于学生展开学习的缺点,将相关的学习素材串联起来,并与生活紧密结合,进而产生有意义的关联和融合,让学生获得最优的学习载体和完整的学习素材。

以篇为单位的教学,知识点、能力训练点都散落在每一篇课文中,是零散的、琐碎的、单一的,有的能力点在这篇文章中体现,但在另一篇文章中却得不到体现,或者这篇课文重点训练这个,那篇课文重点训练那个,会出现"打一枪换一个地方"的学习缺陷。学生的能力训练达不到足够的量变,因此就难以实现质的飞跃。按照学生的学习规律,学生从知识学习到能力形成,一般要经过从领会到领悟再到熟练掌握这样一个过程,而单篇教学往往只让学生走到了学习的第一步便停滞不前。

学生从领会到领悟再到熟练掌握,继而形成内在的能力,需要一个量的积累和一个一脉相承的学习和实践载体。基于这种学习能力的形成过程,"1+1组"群文阅读课彰显了独特的优势:前一个"1"保障学生达到领会的境地,后一个"1组"为学生从领会到领悟再到熟练掌握提供了量的保障和充分的实践机会。

"1+1组"群文阅读课为学生的能力形成构建了学材,不仅达成了提升学生语文素养的目标,更指向了学生核心素养的形成。因此,这种课型让语文学科教学走向了学科教育。

(四)"1+1本"读书指导课,让课内阅读与课外阅读有效衔接

"1+1本"读书指导课中,前一个"1"指的是教材中节选出的一篇文章,后一个"1本"指的是节选本篇课文的原著,即一整本书。在小学语文教材中存在大量的选编或节选篇目,以人教版五年级下册语文教材为例,这册教材单独设立了名著欣赏单元,这个单元的四篇课文《将相和》《草船借箭》《景阳冈》《猴王出世》分别节选自中国古典名著《史记》《三国演义》《水浒传》《西游记》。

语文课程标准要求:"要重视培养学生广泛的阅读兴趣,扩大阅读面,增加阅读量,提高阅读品位。提倡少做题,多读书,好读书,读好书,读整本的书。"由于受课本编排的限制,编者无法呈现长篇的经典之作,只能进行

节选,即节选著作的经典之处、点睛之笔。然而要想让学生真正读懂节选文章背后的故事,还需要学生读原著,这就是"1+1本"读书指导课的价值所在。如何从一篇文本中助力学生阅读一本书是这种课型研究的关键。"读整本书"一直是叶圣陶先生语文教育思想的重要组成部分。叶圣陶先生主张"整本书阅读",在他看来,指导学生去读"整本书",其意义主要体现在两个方面:一是有利于学生养成良好的读书习惯,二是有利于扩大他们的知识领域,锻炼他们的思维能力。

教学中我们注意到,选入语文课本中的文本,都是一些独立的短幅作品,至于那些非常优秀的长篇,只能采取节选的方式,从中切割出一小部分放入教材。就如曹文轩所说的那样:如果一个孩子的阅读只停留在对语文课本的阅读之上,显然是有很大缺陷的。孩子必须阅读规模较大的作品,随着年龄的增长,更应当如此。因为大规模的作品,即我们所提到的"整本书",在结构方式上,与语文教材中的短幅作品有很大区别。短幅作品培养的是一种精巧和单纯的思维方式,而长篇作品培养的是一种宏阔和复杂的思维方式。

语文教材中的部分文本是从长篇中节选出来的片段,其实它已经是断章取义了。虽然从名义上说,它选自长篇,但一旦切割,它就失去了在长篇中的意义,其价值远远不如在整个作品中的厚重。如果要还原语文教材中文本的丰富性,就必须回归整本书阅读。只有这样,学生才能对教材节选的文本有更深的理解。

"1+1本"读书指导课,关键要做好"+"。这里的"1+1本"读书指导课和一般的课外读物推荐课、读书指导课有着一定区别。这种课型首先要求教师关注到前一个"1",这个"1"是整本书的节选,是引导学生走向一本书的切入点和连接点。如何发挥"+"的桥梁作用?通过故事中的人物形象或故事情节,让学生走进整本书是最常用的方法。

在小学语文课本中,特别是小学高段语文教材中有不少名篇名著:有选自中国古代四大名著的篇目,有选自中国现当代作家鲁迅、巴金、老舍、许地山、朱自清的文章,也有选自外国作家列夫·托尔斯泰、雨果、马克·吐温、安徒生、亚米契斯、法布尔的作品。如何引导学生从一篇课文出发,慢慢推开一扇扇厚重的文学大门,走进文学的宝库? 这就需要教师反复研读文本,深入备课,借助这些名著中节选的精彩片段,以故事中的人物形象或故事情节为桥梁,带领学生从"一篇"走进"一本书"。此外,也可以通过研究文本的语言风格等实现"1+1本"的切入。

全国著名特级教师窦桂梅执教的《三打白骨精》就给我们做了很好的示范。窦老师不是就一课教一课,而是透过《三打白骨精》让学生了解整部《西游记》。窦老师在教学《三打白骨精》时,通过"聊"的方式,与学生对话,"聊"出了小说中的环境描写,"聊"出了小说中的情节研究,"聊"出了小说中的人物评价。这种"聊"不是随心所欲的,而是看似轻松,实则不轻松的"举重若轻"。她让学生在白骨精的"三变"、孙悟空的"三打"、唐僧的"三责"和猪八戒的"三挑唆"中,感受本文"反复叙事"的特点和本文的人物形象。之后,她又引导学生将"白骨精"这一人物替换成唐僧师徒四人去西天取经途中经历的八十一难中的其他人物,使学生明白了整部《西游记》在写作结构上反复叙述的特点。在这一过程中,学生对师徒四人的性格特点也有了进一步的认识,从而大体把握了《西游记》惩恶扬善的主题,进而强烈地激发了阅读《西游记》的欲望与兴趣,"整本书阅读"这一目标水到渠成了。

(五)"1+1实践"综合实践活动课,让语文从学科走向课程

"1+1实践"综合实践活动课中,前一个"1"是一篇精读课文或一组精读课文,后一个"1实践"是与课文相关的语文综合实践活动。语文课程标准提出:"语文课程是实践性课程,应着重培养学生的语文实践能力,而培养这种能力的主要途径也应是语文实践。"语文综合性学习以提高学生的语文实践能力、语文素养和培养学生的合作、探究精神为主要目标。语文综合性学习活动更多地关注学生的语文生活世界,将书本世界和生活世界打通,让学生把生活中的资源和书本知识融合在一起,在综合实践活动中综合运用语文知识,整体发展语文素养,形成综合素质,为今后的学习和形成终身学习能力打下基础。

人教版三年级下册语文教材中第六组围绕"神奇的科技世界"这个专题编排,通过本组文章的学习,学生可以获得相关的科学知识,并激发对科学技术的兴趣。在本组课文中,《太阳》是一篇科普短文,采用列数字、打比方、作比较等说明方法,介绍了太阳的一些相关知识,说明了太阳和人类的密切关系。这一组课文的教学是"1+1实践"综合实践活动课的最好例子。

教学中,我把《太阳》这篇课文作为前一个"1",首先让学生初步学习说明文,了解课文运用的多种说明方法是本文的重要写作特点,知道这些说明方法的运用会使一些抽象的、不易懂的知识显得具体、通俗、明了,这样的描写会给读者留下深刻印象。其次是引导学生体会"从不同角度或多个方面来描写太阳与人类的关系,就会让读者感觉描写得更加具体"。

后一个"1实践"中,我设计了参观市科技馆的综合实践活动。这次实践活动的目的是丰富学生的课余生活,加强科学技术普及教育,提高学生的科技素质,培养学生对科学技术的兴趣和爱好,增强他们的创新精神和实践能力,引导他们树立科学思想、科学态度,使他们从小爱科学、学科学、用科学,逐步形成科学的世界观和方法论。这个实践活动具体的要求,一是查找市科技馆的简介,大体了解科技馆的有关情况和科技馆内的有关设施;二是根据自己的兴趣和爱好,设计自己的参观路线和重点观察体验项目,并草拟出参观的路线图;三是运用我们在《太阳》这篇课文中学到的说明方法和多角度描写的表达方式,试着给大家介绍一种科技现象或科技事物。

语文课程标准指出:"综合性学习主要体现为语文知识的综合运用、听说读写能力的整体发展、语文课程与其他课程的沟通、书本学习与生活实践的紧密结合。""1+1实践"综合实践活动课落实了语文课程标准关于综合性学习的目标要求,实现了课内学习与课外实践的有机结合,以及书本学习与生活实践的整合,让学生在实践中综合运用各方面的能力,助力学生综合素养的提升。

"1+1"助学课堂无论是哪种课型,都是围绕如何助力学生学习展开的,以提升学生的学习能力为目标。因此,助学课堂是以生为本的生本课堂,是以学为本的学本课堂,是落实自主、合作、探究学习方式的有效途径。

第三节 "1+1"助学课堂助力学生核心素养形成

新一轮课程改革在学校课程建设、学生学习方式等变革方面均有了历史性的突破,推动了我国基础教育的发展,尤其是2014年国家教育部提出了学生核心素养的概念。核心素养指向了学生应该具备的适应终身发展和社会发展需要的必备品格和关键能力,突出强调个人修养、社会关爱、家国情怀,更加注重自主发展、合作参与、创新实践。核心素养的形成成为了学校课程改革的方向。在这种深化课程改革的背景之下,小学语文教学应该如何改革,如何提升课堂教学效率?笔者提出并实践的以学为中心的小学语文"1+1"助学课堂以"助力学生学习、助力学生素养形成"为理念,顺应了课堂教学改革的方向。

一、"1+1"助学课堂让学习真正发生

"1+1"助学课堂,从教学形式上看,前一个"1"主要是指教师的教,后一个"1"则指向了学生的学,"1+1"实现了教与学的有机结合,达成了培养学生学习能力、提升学生综合素养的教学目标。这样的课堂是以学为本的课堂,也是符合学生认知规律的课堂。

学生学习方式的变革是新一轮基础教育课程改革的显著特征。过去教师在课堂教学中过多地研究教师如何教,而笔者提出的"1+1"助学课堂则是从学生学习的角度去研究课堂教学方式的变革。北京师范大学伍新春教授认为,真正的学习应该发生在学习的主体——学生身上,让学生获得经验,解决生活中遇到的实际问题。"1+1"助学课堂就是助力学生学习的课堂,这样的课堂催生着学生学习能力的形成,从而让学生学会学习,提升自己的核心素养。

在执教人教版四年级上册语文教材中《那片绿绿的爬山虎》一课时,笔

者发现学生对于理解文中两次描写爬山虎进行借景抒情有一定难度。要想让学生理解作者借景抒发的情感,必须让学生经历真实的学习过程。于是在教学第一处借景抒情的句子时,我让学生联系上文了解到,当时作为一名中学生能够受到大作家的邀请,内心是激动的、兴奋的,就像阳光变成的小精灵在绿绿的爬山虎上跳跃一般。在教学第二处借景抒情的句子时,学生已经掌握了联系上文进行理解的方法,在教学中为了让学生能够更好地理解作者所表达的情感,我在课堂上重现了当时作者与叶老先生聊天的场景,引导学生展开想象。学生经历过这样一个想象说话练习,就体会到了叶老先生对作者的鼓励和期盼。作者从叶老先生的鼓励中汲取了力量和写作的信心,也就如同爬山虎那般虎虎有生气了。学生在教师引导下经历了真实的学习过程,这样一个学习难点也就化解了,为学生习作打下了基础。

二、"1+1"助学课堂让学生学会学习

放眼未来,一个人能否适应未来社会的发展,是否具有生活的能力,绝不取决于过去在学校积累了多少知识,而在于他在学习知识的过程中,形成的学习能力和学习的方式。未来社会中一个人的学习意识、学习能力和学习方式将成为非常重要的核心素养。为培养未来社会合格的公民,今天的学校教育应该积极转变学生的学习方式,让自主、合作、探究的学习方式在课堂上得到真正的运用,让学生学会学习成为核心素养的重要组成部分。"1+1"助学课堂就是培养学生学会自主学习的课堂,学生在教师的助力之下,养成学习意识,形成学习能力与核心素养。

例如,在执教人教版五年级上册语文教材第五组《综合性学习:遨游汉字王国》时,教师应认识到该组综合性学习的目标是通过学习感受汉字、认识汉字和熟悉有关汉字的文化。

有位老师这样进行教学:首先他引导学生在课前寻找有关汉字文化的书籍。学生搜集到了《文字的故事》《汉字王国》《汉字书法之美》《说文解字》等书籍。学生搜集到这些书籍后,他要求学生就各自感兴趣的有关汉字的知识进行研究,撰写小的研究报告。于是学生纷纷通过查找资料、调

查研究等方式进行展开：有的同学就汉字的起源和演变进行了研究；有的同学从汉字字理方面出发，学习如何杜绝错别字；有的同学从汉字与书法艺术等不同角度和方面展开了学习。有位同学就搜集、整理汉字资料做了这样的汇报：我搜集资料的标准，一是，资料有重要价值，一定是我观点最佳的证明材料；二是，资料具有真实性，只有真实的资料才具有最佳的说服力；三是，资料最好和我们生活、学习关系较为密切，否则对学习没有意义。

在这样的学习过程中，学习内容是新颖的，突破了教材内容的局限，以教材为基点拓展了学习范围；学习形式是创新的，通过积极自主的探究性学习，学生自主搜集信息并处理、应用信息。学生不仅学了知识，更重要的是培养了一系列的学习能力，全面提升了素养。通过这个例子，我们清晰地认识到了知识是力量，但不是一切，学生学习知识固然重要，但是在学习知识的过程中，个人发展和终身学习能力的培养更为重要。助学课堂的教学目标旨在培养让学生终身受益的学习能力，因此它是一种课堂教学价值本位转移的课堂改革。

三、"1+1"助学课堂让课堂指向学生能力发展

课程再造、课堂转变，究其根本就是要转变教师的教学方式和学生的学习方式。"1+1"助学课堂改变了过去教师以教为主，以传授知识为目的，把文章讲得横到边纵到底，不留死角，无缝隙施教的状况。

我们提倡的"1+1"助学课堂不否定教师的教，但需要重新定位教师的教，教师要在学生学习遇到困难时给予点拨，让学生明白学习的方向；要在学生学习知识点之后，帮助学生提炼学习方法，形成学习能力；要帮助学生达成学习目标，设计合理的学习策略；要在学生学习能力不足或感悟不深之时，通过精讲点拨，引导学生形成思考问题的新思路、新方法；要在学生掌握学习方法之后，适时、适地地迁移拓展。"1+1"助学课堂从教学形式上看，前一个"1"主要是指教师的教，后一个"1"意在学生的学，"1+1"则是教与学的有机结合，达成了培养学生学习能力、提升学生素养的教学目标。

例如，笔者执教人教版四年级下册语文教材中《鱼游到了纸上》和《全神贯注》两篇课文，整合阅读设计如下：

第一步，教师设计问题，即"作者运用了怎样的描写让我们感受到鱼游到了纸上？"通过学习文本中青年观鱼和画鱼的有关语句，让学生通过体会语言感受文本的表达方式——通过描写人物的动作、神态，发挥自己的想象，把人物、事物描写得更具体、更形象。

第二步，引导学生再从课文中找出运用这种表达方式的句子，让学生进一步体会这种表达方式的效果。

第三步，引导学生学习《全神贯注》中的一个语段，让学生深入体会"通过描写人物的动作、神态，发挥自己的想象"这种表达方式的作用，进而体会罗丹全神贯注的特点。

第四步，内化表达方式，通过描写一个片段，让学生补写自己想象的语句，将学到的表达方式迁移到习作实践中。

以上四个环节，步步紧扣，围绕学生学习能力的形成进行了两次迁移学习。前两个学习环节旨在让学生通过言语体验发现表达方式。学生初步掌握了此种表达方式之后，为了形成能力进行了第一次迁移学习，这样的迁移学习让学生内化了这种表达方式。但学生理解、内化不等于运用，故紧接着进行了第二次迁移运用，即让学生动笔实践，这样不仅有助于学生学会这样的表达方式，还有助于学生学会运用这种表达方式。从理解到运用，是学生认知水平的飞跃，是学生能力形成的过渡。经历这样一个学习过程，学生形成的是语言表达的能力，提升的是习作表达的素养。助学课堂指向的不是教学的内容，而是通过内容的学习，助力学生能力的形成，最终达成提升学生素养的目标。

四、"1+1"助学课堂让教育回归育人本质

助学课堂的最终落脚点是人的发展，从课堂教学中唯知识为目标转向以学生发展为目标。教育的本质是育人，当下的教育理念丰富了育人的内涵。教育要育人，要育具有核心素养的人。语文学科作为一门人文内涵深厚的学科，更应该发挥学科特点，让学科素养与学生的核心素养有机结合

起来。助学课堂改变的是传统课堂中单薄的文章内容不足以点燃学生激情的现状,和单纯的课堂说教缺少让学生经历感悟、实践等认知体验过程的现状。

执教人教版三年级下册语文教材第五组时,笔者以"亲情"为主题群组了《可贵的沉默》《妈妈的账单》《花瓣飘香》《妈妈的葡萄》四篇课文,进行了群文阅读教学。这一组教学取得了较好的教学效果。也许恰巧周末是母亲节的原因,亲情的共鸣很容易叩开孩子们的心灵之门。"0账单"让孩子们自己悟出了妈妈的爱是无价的。对于母爱这样一个厚重话题的探究,不能就此止步。通过群组这几篇文章,能让母爱在学文中不断深化,并让母爱不停地撞击学生的心灵。多文本的学习让母爱在学生的心灵之中一层层推进,一步步提升,一点点加厚,最后学生在学习《妈妈的葡萄》一文时对母爱的认识上升到:母亲就是那个可以用生命呵护你成长的人,母爱就是那种能牺牲自己生命换取你生命的爱。

学生通过这一组课文的学习,对母爱有了较深的感悟,尽显了"1+1"助学课堂的教学效果。学生经历了心灵的洗礼,懂得了如何回报父母之爱。在和同学们学习《花瓣飘香》一文时,有同学在文本的最后一段写下了"报答母亲"四个字。当我看到学生有了这样的读书感悟时,我知道教学的目的实现了,教育的效果也达到了。学生不仅读懂了作者把另一盆月季花放到母亲阳台上的目的,也触动了回报父母之爱的内心。雅斯贝尔斯曾说过,教育的本质是:一棵树摇动另一棵树,一朵云推动另一朵云,一个灵魂唤醒另一个灵魂。我想这一组文章的学习唤醒了学生的一颗孝心,让学生学会了爱。

学生在课堂上的发展是"1+1"助学课堂的最终指向,让教育回归立德树人的根本任务是其最终目标。我想上述教学实例就是最好的佐证。总之,"1+1"助学课堂是以学为本、以生为本的课堂,教师等学习因素旨在助力学生提升学习能力,让学生学会学习,形成核心素养,最终让教育指向育人这一目标。

第四节 "1+1"助学课堂为语文课堂教学提质增效

课程改革走到今天,课堂教学正在发生着显著变化。但我们也清楚地看到,课堂中单纯教知识的痕迹还十分明显,课堂教学目标还不够清晰,以课文内容分析为主,让课堂高耗低效。

小学语文课程专家崔峦指出,当下小学语文教学改革过程中,阅读教学要增效。首先,不能忽视单篇经典阅读教学。在单篇经典阅读教学中,要充分利用精读课文,实现用课文教语文——教语文知识、教语文方法、教语文能力,从而达到举一反三的目的。其次,他认为现有教材中,单篇阅读的数目偏多,可以进行调整,一定要扩大学生的阅读量,要有质量地拓展学生的课外阅读,可以采用"以精读课文为主,一篇带多篇"的阅读方法。多篇的来源既可以是教材中的略读课文,也可以是教师精选的课外文本。这种做法可让阅读增效,把课外阅读挤进课堂。笔者提出的以学为中心的小学语文"1+1"助学课堂符合专家理念,成为了让阅读教学提质增效的课堂改革有效途径。

一、"1+1"助学课堂让阅读增量

当下,小学语文教学存在的现象一是阅读量达不到课程标准规定的100万字的阅读任务;另一个现象是,为了追求学生的阅读量而抛开教材进行大量阅读和海量阅读,这种现象会造成教学的虚假。笔者提出的"1+1"助学课堂,无论是"1+1篇""1+1组",还是"1+1本",每一种课型都让学生的阅读量有显著的提升,并且这种阅读量的提升是建立在学生掌握学习方法、获得学习能力之后的阅读量提升,故这种阅读增量是在保质的前提下进行的。

在教学实践中笔者认为,教材中的经典单篇文本是学生学习的宝贵资源。经典的单篇文本是语言文字学习的典范,它既传承了祖国文化,又承载着学生学习方法的培养和语文关键能力的形成等功能,因此,经典单篇文本教学不可抛弃,语文教材不可抛弃。在"1+1篇"阅读整合课中,前一个"1"就是教材中经典的文本,通过经典文本的教学,让学生习得规范的语言文字和应有的语文能力,掌握阅读的方法。后一个"1"是迁移、拓展、应用,是从教材或课外读物上选取的与经典文本相关的拓展阅读文本。这种阅读的迁移与拓展,既保障了阅读的量,又保障了阅读的质,最终取得"1+1>2"的阅读效果。

"1+1"助学课堂中的"1+1组"群文阅读课,就是一篇带多篇的阅读课。这种模式中的前一个"1"以课文中的精读文本为典型课例,后面的"1组"就是指与前面一篇文章相关联的几篇文章。相比单篇文章指向单一、内容单薄的问题,"1+1组"群文阅读可以将相关的学习素材串联起来,并与生活紧密结合,进而产生有意义的关联和融合,让学生获得最优的学习载体和完整的学习素材。"1+1组"群文阅读课中,前一个"1"保障学生达到领会的境地,后一个"1组"为学生从领会到领悟再到形成能力提供了量的保障和充分的实践机会。"1+1组"群文阅读课极大地提高了学生的阅读量,同时又避免了传统意义上群文阅读"蜻蜓点水""浮而不实"的现象。这种群文阅读是学生在掌握前一个"1"语文能力与方法后展开的学习,是有质量保障的阅读数量提升。

例如,人教版三年级下册语文教材中《检阅》一文出现在"感受儿童生活的丰富多彩"一组中,目的是让学生感受到特殊人群的自尊自强,引导学生对这一特殊人群给予更多的人文关怀。我认为群组这几篇文章的核心应是"与不一样的人相处"。教学中我将《检阅》这篇课文定义为"1+1组"群文阅读中的前一个"1",后一个"1组"我选择了课文《让生命蛹化成蝶》《小狗待售》《苏珊的帽子》《我看见了大海》四篇课文。

教学中通过阅读类似的文章,让学生感受人物的自尊自强,用文本对比学文的方法实现学法的归纳、人文情感的熏陶。阅读了这组文章,学生会深刻地理解特殊的人群只有自尊自强才会赢得别人的尊重,要善待特殊人群,给予他们应有的平等权利。这比阅读一篇单薄的《检阅》更能深层次地影响学生的行为。

如果说"1+1篇"阅读整合课、"1+1组"群文阅读课是有质量地提升学生阅读数量的话,那么"1+1本"读书指导课就指向了学生整本书的阅读。语文课程标准指出,学生要读整本的书。"1+1本"读书指导课中,前一个"1"指的是教材中节选出的一篇经典文本,后一个"1本"是这篇经典文本所在的整本书。

小学语文教材中存在大量的节选篇目,怎样让学生通过学习一篇经典文本推开一个经典文库的大门,是小学语文教师引导学生阅读整本书要思考的问题。在教学中,"1+1本"读书指导课中前一个"1"激发学生读书的兴趣,教给学生品读的方法,把学生带进整本书中。例如,学习《蟋蟀的住宅》引领学生走进《昆虫记》,学习《冬阳·童年·骆驼队》把学生带进《城南旧事》。"1+1"助学课堂提升了学生的阅读量,保障了课程标准阅读任务的完成,同时也有效地保障了阅读质量的提升。

二、"1+1"助学课堂让语用提质

实践证明,活的知识可以转化为人的智慧,因此要让学生所学的知识活起来。让知识活起来就要活在实践运用中、活在探究体验中、活在研究问题和解决问题中,总之,知识要活在应用中。这句话对于语文学习最大的启示之处就在于,如果要让语用提质就必须让学生在语言实践中学习语言、运用语言。

上海师范大学吴忠豪教授提出:基于学生实践进行语文教学改革。在报告中吴教授指出,教学内容的错位异化了语文课程性质,是导致语文教学效率低下的一个重要原因。语文不是教知识的课程,而是一门学习语言文字的课程。语言文字的学习才是语文的本体性教学内容,而学习语言文字最主要的学习方法就是语文实践,只有语文实践活动才能够把消极的语言转化为积极的语言。

本书中笔者提出的以学为中心的小学语文"1+1"助学课堂,在定位前一个"1"的教学时注重的是语用目标,指向的是学习方法,即语文的本体性教学内容。后一个"1"则更多的是落实学生学习语言文字,掌握方法后的语文实践活动。课型"1+1习作"读写结合课中,前一个"1"指向了语用教学,后一个"1"承接着语用实践,这种课型有效地提升了语文教学中语用的实效性,为学生的语用学习起到了提质的教学效果。

语文课程标准提出:"语文是实践性课程,应着重培养学生的语文实践能力,而培养这种能力的主要途径也应是语文实践。"课程标准的这一理念再次强调了语文实践的重要性。语言积累是小学生学习语文的基础,学会表达是小学生运用语言、内化语言的重要途径,大量阅读是学生培养阅读技能、形成阅读习惯、强化语感的有效方法。这些都是语文本体性教学内容,指向的都是语言文字的学习。

要让语用在课堂教学中提质增效,就必须有适合的语文实践途径。本书中笔者提出的"1+1"助学课堂五种课型,从不同的方面提出了语文实践的实施路径,有效落实了语用目标,从这一角度来说,助学课堂教学相对于传统的课堂教学起到了增强语用学习质量的实际效果。

在学校"1+1"助学课堂研讨课上,崔佳星老师执教了"1+1篇"阅读整合课,内容是人教版三年级上册语文教材中《赵州桥》一文和课外阅读课文《卢沟桥》两篇课文。崔老师在学生前置性学习的基础上设计了"为赵州桥设计名片"的学习方式,致力于让学生读好文,进而抓住赵州桥的特点,学会文本的表达方法。然后让学生进行迁移学文——放手让学生自学《卢沟桥》,也为这座历史名桥设计一张名片。课上学生取得了较好的学习效果。最后,崔老师安排了课后作业,要求学生利用周末找一座"我们家乡有特色的小桥"进行观察,然后写一篇小短文,并为这座桥制作一张名片。这样的课堂教学借助社会实践来完成,让学生将课堂上学到的知识进行了运用,让知识活了起来。这样的课型让阅读教学提升了语用的质量。

三、"1+1"助学课堂让课堂增效

当下的语文课堂教学效率不高,主要表现在教学目标不清,语文教学的主体与非主体区分不明,教师以内容讲解分析为主,学生没有经历真正的语言文字学习过程。"1+1"助学课堂就是基于小学语文课堂教学存在的上述问题而提出的。

"1+1"助学课堂中,前一个"1"重点落实教师的教,有效落实单篇经典文本语文本体性教学目标,后一个"1"是指学生沿着本体性学习的拓展性学习。这就需要教师遴选课文内容,选取最能满足学生学习需要的内容,这样的教学改变了传统语文教学目标不清、内容繁杂等问题。学生学习的需要就是"1+1"助学课堂的教学目标,从而让学生真正成为课堂学习的主人。

"1+1"助学课堂为学生学习、能力迁移搭建了学习载体,为提高学生素养提供了保障。"1+1"助学课堂也体现了阅读教学方式的转变,它改变了以往教师一篇篇教的低效弊端,实现了教师教给学生阅读的方法,学生得法后进行高质量的有效阅读。这种在获得了方法后再读一篇、一组或一本的方式对学生来说,既增量又增效。在实际教学操作中,"1+1"助学课堂的阅读策略既避免了学生有量无质阅读现象的出现,同时也避免了"蜻蜓点水""浮而不实"式群文阅读对文本学习不深、不实、不透弊病的发生,从一定程度上来说这就是让课堂增效的改革。

例如,在执教人教版四年级上册语文教材中游记一组时,教师根据学生的前置性学习了解到,学生不会按顺序写清景点,体会不到"移步换景"写作方法的好处,于是就制订了如何让学生学会移步换景写作方法的教学目标。以《颐和园》为前一个"1"作为教学的基点,抓住课文中表示景点转换的语句,让学生体会这样写的好处;然后把《记金华的双龙洞》作为后一个"1",强化移步换景的写作方法;最后让学生利用学习到的移步换景写作方法描写一处熟悉的公园进行练笔。这样设计教学目标非常清晰,可谓一课一得。教学内容的抽取也十分大胆,只抽取了学生学习需要的部分。通过这节课的学习,学生对移步换景写作方法掌握得较好。我想这样的课堂一定是高效的课堂。

以"1+1"的助学方式整合的语文课堂,有效地实现了阅读与习作的结合、课内与课外的整合、课堂与生活的融合,为小学语文课堂教学提质增效找到了一条较好的实践路径。同时,这样一种以学为中心的助学课堂真正落实了从"教课文"到"学语文"的转变、从语文学科到语文课程的转变、从学科教学到学科教育的转变。

"1+1"助学课堂以"生学为本,师教为助"作为核心的课堂教学理念,课堂教学改革指向了学生学习方式的变革和教师教学方式的转变。教师从教知识转向了助力学生学习方法的掌握和学习能力的提升。"1+1"助学课堂的结构既凸显了教材培养学生能力的基础价值,又让学生的能力得到了迁移,课堂教学效率提升的同时,真正发展了学生。

第五节 "1+1"助学课堂是教育的新常态

助学课堂符合当下课程改革理念,是课程改革提倡的自主、合作、探究学习方式的具体体现,它的价值主要体现在以下几个方面:

一、助学课堂是社会发展的需要

当今是信息化高度发展的时代,社会的发展日新月异,而社会的发展催生着教育的变革与发展。当我们适应了新课程的理念,转变了对学生学习方式的认识,刮起了翻转课堂的旋风,颠覆了传统的先学后教的理念,那么未来的十年、二十年,我们可能需要重新定义目前的学生、教师和教学。网络学习大有占据课堂教学的趋势,因此学校教育中"教"与"学"的定义将会发生质的变化。

放眼未来,一个人是否适应未来社会的发展,是否具有生活的能力,绝不取决于过去在学校积累的知识量,而在于他在学习的过程中,形成的学习能力和学习方式。未来社会中一个人的学习意识、学习能力和学习方式将成为非常重要的核心素养。所以从现在开始就应该转变课堂上教知识的理念,帮助学生通过学习知识来培养学习意识和学习能力,直指学生学会学习的目标,让课堂成为真正发生学习的地方,让教师成为给予学生学习有效助力的载体。社会的发展呼唤这种助力学生形成学习能力的课堂。

二、助学课堂是学习规律的需要

学习本质上是学生自己的事情,具有不可替代性。教学的作用只在于促进、催生学生学习行为的发生,而不能代替学生的学习。学生学习的过程是对知识进行自我构建的过程,在探究、提出与解决问题的过程中,学生形成自我构建知识的能力。在课程改革理念的指导下,我们应清楚地认识到,学生不是教师教会的,而是在教师的帮助和指导下自己学会的。传统的课堂教学中教师灌输的是知识,学生将会把课堂上学到的知识都交给考试,最后自己却所剩无几。因此,教师的教如果没有转化为学生学习的推动力,也就是没有助力学生的学,那么即使教师教得再精彩都可能是无效的。

有心理学研究报告表明,教师教会的知识,学生很快就忘记了,学生自己学会的则记忆深刻。因此,从学生学习规律出发,助学课堂上教师需要重新定位自己的角色,要做学习环境的营造者、学习机会的创造者、学习活动的助推者,把更多的时间和机会留给学生。

三、助学课堂是课程改革的需要

学生是学习的主体,教师是学习活动的组织者和引导者。有专家提出,今后如何引导学生在课堂上学习将是新一轮课程改革的主要特征。课程改革以前我们评价一堂课是否精彩,是否成功,往往都是看教师讲得如何,教学任务完成情况怎样。传统的课堂是典型的以教师为主导的课堂,至于学生学得如何则另当别论。

在新课程的理念下,我们要重新定位课堂的"精彩"。助学课堂的精彩是以学生的学习为评判依据的,教师的价值不再体现在在学生面前的表演上,而体现在助学上,包括课前对教材的重构是否符合学生的学习规律,对小组合作学习是否给予了恰当的指导,对学生的学习行为是否给予了合理的引导等环节。因此,助学课堂的理念有效地落实了新课程标准的理念,成为了课程改革需要的课堂教学方式。

助学课堂最终的目标是培养学生的学习能力,让学生学会学习,这是学生走上社会所必须具备的基本能力,助学课堂也由此彰显了它的价值。

第二章 "1+1"助学课堂的实践样态

基于语文课程标准,为更好地满足学生的学习需要,"1+1"助学课堂在实践中构建了五种课型,分别为"1+1习作"读写结合课、"1+1篇"阅读整合课、"1+1组"群文阅读课、"1+1本"读书指导课、"1+1实践"综合实践活动课。这五种助学课堂类型指向助力学生习作能力培养,助力学生阅读能力提升,助力学生整本书阅读,助力学生进行语文综合实践活动。可见,这些课型无论是从哪一个方面出发,均指向了以学生语文素养为主的核心能力培养。本章将从五种课型的实践样态方面进行讲述,并配有相关的教学案例以供参考。

第一节 "1+1习作"读写结合课

助学课堂的理念是"生学为本,师教为助"。课程是围绕学生展开学习而编排的,课堂教学设计也是为服务于学生的学而设计的助学策略。为了更好地促进学生学习能力的迁移,进一步巩固学习方法进而形成核心素养,笔者提出了助学课堂的"1+1"课型。

"1+1习作"读写结合课中,前面的"1"具体指的是一篇或一组适合学生学习习作方法的精读文本,教学重点是助力学生读文习得习作方法;后一个"1习作"指的是从课例中学到写作方法后进行的语用练笔,它既可以是几句话的微写作,也可以是一个片段的描写,或是整篇的习作。这种课型是指向学生语用学习的典范课型。这种课型中,读写结合的策略一般有以下几种:

一、关注单篇文本表达策略,读写结合相得益彰

例如,人教版五年级上册语文教材第六组《"精彩极了"和"糟糕透了"》

片断：

> "这是什么？"他伸手拿起了我的诗。
>
> "亲爱的，发生了一件奇妙的事。巴迪写了一首诗，精彩极了……"母亲上前说道。
>
> "对不起，我自己会判断的。"父亲开始读诗。
>
> 我把头埋得低低的。诗只有十行，可我觉得他读了几个小时。
>
> "我看这首诗糟糕透了。"父亲把诗扔回原处。
>
> 我的眼睛湿润了，头也沉重得抬不起来。
>
> "亲爱的，我真不懂你是什么意思！"母亲嚷着，"这不是在你的公司里。巴迪还是个孩子，这是他写的第一首诗。他需要鼓励。"
>
> "我不明白，"父亲并不退让，"难道这世界上糟糕的诗还不够多么？"

在教学本段时，要让学生通过朗读人物对话，抓住表现人物神态、动作的词语，走进人物的内心世界，并引导学生掌握通过描写人物的语言、动作和神态来表达人物内心的方法。

接下来，教师抓住："我再也受不了了。我冲出饭厅，跑进自己的房间，扑到床上失声痛哭起来。饭厅里，父母还在为那首诗争吵着。"这些语句，引导学生想象父母会怎样争吵，并让学生用刚才学的描写人物的语言、动作和神态的方法，续写父母争吵的场景。在上述片断的教学中，教师已经助力学生学到了相关习作方法，学生展开想象进行描写就不会有为难情绪了。

传统的语文课堂上往往会让学生通过阅读分析课文内容，从而把握巴迪获得的是怎样的父母之爱。在"1+1习作"助学课堂教学中，教师要更多地着眼于文本的表达，找到读写结合点，这样不仅会让学生学到习作方法，同时也会促进学生在写作中对文本的理解。前面的"1"重点落实了读文中助力学生掌握通过描写人物的语言、动作和神态来表达人物内心的方法。后一个"1习作"不仅是写作方法的运用提升，同时又为后文理解两种父母之爱做好了铺垫。这样的读写结合,较好地体现了写不仅是落实语用,而且也为理解与深化文本服务。

二、关注单篇的语言表达特色与形式,迁移仿写

再如,人教版三年级下册语文教材中《荷花》一文中描写荷花的一段堪称经典之作,同样也是学生习作非常好的范例。对于三年级下学期的学生来说,这样的文章可以让他们积累优美的语言和习作方法,是不可多得的经典之作。文章中作者不仅用活了一个"冒"字,更活灵活现地描写了不同姿态、不同形状的荷花。因此,教学中这个"1"就得好好让学生品味,不仅要让学生学习用词的生动、准确,还要学习从不同角度进行描写的方法。学生掌握后也要试着描写一种花。因为教学该课时,正值早春,处处开满迎春花,于是有学生留下了如下文字:

迎春花

清早,我到公园去玩,一进门就闻到一阵清香。

迎春花已经开了不少了,挨挨挤挤的,有的才展开两三片花瓣;有的花瓣全展开了,露出嫩黄的花蕊;有的还是花骨朵,看起来饱胀得马上要破裂似的。

这么多的迎春花,一朵有一朵的姿势。看看这一朵,很美;看看那一朵,也很美。如果把眼前的一簇簇迎春花看作一大幅活的画,那画家的本领可真了不起。

我忽然觉得自己仿佛就是一朵迎春花,穿着黄黄的衣裳,站在阳光里。一阵微风吹过来,我翩翩起舞,黄黄的衣裳随风飘动。不光是我一朵,一簇簇的迎春花都在舞蹈。风过了,我停止了舞蹈,静静地站在那儿。蜻蜓飞过来,告诉我清早飞行的快乐;蜜蜂飞过来,告诉我清早采蜜的快乐……

过了一会,我才记起我不是迎春花,我是在看迎春花呢!

三(1)班 张永轩

这显然是一篇仿写的作文。对于三年级初学作文的孩子来说,仿写是一种习作方式,也是一种习作支架。孩子要学步,习字要描红,习作也要模仿,我们要适当迁移学生的习作能力。从多仿到少仿,从形仿到神仿,再到形成自己的习作能力进行创造性的写作,这是一个过程,也是一个学生循序渐进最终形成习作能力的过程。对于我们的"1+1习作"助学课堂而言,这是一篇比较成功的习作。

学习完这篇课文后,有的同学创作了自己的文章,如:

昙 花

同学们,你们见过昙花吗?下面听我来介绍一下吧!

我家养了一盆昙花,昙花的茎是这样的:老叶子上长出一片新叶子,然后新叶子上又长出一片叶子,接二连三地往上长。叶子碧绿碧绿的,像一把把锋利的宝剑。

在一个炎热的夏天,蝉儿在树上唱歌,蟋蟀在地下弹琴。爷爷告诉我,昙花在晚上九点左右会含笑一现。我站在明亮的月光下,静静地等候昙花开放。过了一会儿,昙花裂开了一个小口子,然后慢慢地白色的花瓣一片一片张开了,露出了米黄色的花蕊。我赶紧拿来照相机,咔咔咔,照了几张相,留住了昙花开放的瞬间。

爷爷把昙花摆放在屋里,昙花发出了一阵阵清香,房间里香气扑鼻,过了几个小时,昙花就枯萎了。

同学们,你们听了我的介绍,是否也爱上了昙花呢?

三(1)班　董欣蓉

上海师范大学吴忠豪教授曾撰文指出,教学要按照"认识—实践—迁移"的程序来设计本体性教学内容,一要保障学生实践的时间,二要保障有效的迁移。学生的语文能力是在语文实践中习得的,并非只凭教师传授习得。通过学生撰写的两篇小文章,我们不难发现"1+1习作"读写结合课的有效价值。在教学中,我们会遇到许多堪称学生习作典范的文章,例如,人教版三年级上册语文教材中《美丽的小兴安岭》和《富饶的西沙群岛》两篇课文,不仅行文结构清晰,而且在自然段中围绕中心句描写的方法也比较突出。像这样的文章就是学生习作的典型课例,在学生掌握了习作方法后,做好后一个"1习作"的练习,久而久之,学生就一定会形成较高的语文素养。

三、关注单元表达特点,内化写作方法

人教版四年级上册语文教材中第三组是一组童话,要完成本组的习作训练,指导学生进行童话写作,就要站在单元表达的基础上,进行"1+1习作"的教学。前面的"1"在这里指的就是一组文章。该单元一共有四篇课文,依次是《巨人的花园》《幸福是什么》《去年的树》和《小木偶的故事》。四篇课文共有的童话特征是艺术形象的夸张,文本的夸张性表现为富于幻想,运用拟人手法。

教学本组童话时,要先让学生明白童话按角色划分,可以分为超人体和拟人体两大类,超人体童话就是描写一些超自然的人或物的童话,如课文《巨人的花园》和《幸福是什么》;拟人体童话即描写一些人格化事物的童话,如课文《去年的树》和《小木偶的故事》。了解了童话的分类后,教师要引导学生了解本单元写作的目标,从而让学生展开丰富的幻想、运用拟人的手法进行创编,完成超人体或拟人体童话的写作。

以《巨人的花园》为例,教学中要助力学生学会该童话中运用到的写作手法:巨人一而再再而三地把孩子们从自己的花园赶走,这种"反复"手法的运用使得故事曲折起伏,引人入胜,从而让童话中的人物形象不断地展开,表达的主题不断地深化。巨人每次把孩子们赶出花园时,花园都会出现鲜明的对比,这种"对比"的方法使得童话更加耐人寻味。当学习其他童话篇章时,也可以根据不同的特点,助力学生学会不同的写作手法。在这样的基础上,提出写作要求,学生自然就会迁移运用习作方法进行习作,"1+1习作"读写结合课的教学目标也就达成了。

学完该单元后,陈芊朵同学就较好地运用了人物之间的对话描写,借助具体事例进行了人物描写:

春天和秋天的由来

在一个炎热的夏天,上帝打扮成凡人的样子,去人间看看居民

们过得怎么样。他来到一户人家前，敲开门，里面走出一位抱着孩子的妇女。上帝问："你好，我是生活调查员。这个孩子怎么了？脸色好像很不好。"妇女叹了口气，回答道："唉，别提了。这个夏天比往年的夏天更炎热，这孩子身体本来就弱，现在这不就受不了了吗？"

上帝离开了这户人家，他想："这户人家太可怜了，或许去下一家心情能好点。"于是，他敲开另一家的门，里面走出一个小男孩。上帝问："你好，我是生活调查员，能告诉我你的情况吗？"小男孩回答道："最近太热了，我妈妈不让我出门玩，怕我中暑。我都无聊死了。"

上帝离开后，难过地说："我的居民们都不快乐，以后要改进一下了。"上帝回天上后，不禁想："我等到冬天再到人间，这样他们就不会让我看出他们不开心了。"

在一个寒冷的冬天，上帝又到人间去了。他来到以前那位妇女家。妇女出来后主动说："我家孩子没中暑，但感冒了。你快走吧，我还要去照料孩子呢！"说完，就把上帝关在了门外。上帝生气了，想道："去下一家吧，他们应该不会生气。"

上帝来到了小男孩家，小男孩心情也很不好，说："我这几天上学老迟到，因为路上太滑，一不小心就会滑倒，必须很慢很慢地走。"然后，他又说："要是没事的话，以后就别来我们家了！"说完，他也关上了门。

上帝边走边想："这也不怪他们太挑，都是我的错。"于是，上帝又创造了春天和秋天。

三（1）班　陈芊朵

"1+1习作"读写结合课有别于一般的读写结合课，它关注的是积极的语用训练，有效地提升了语用的品质，改变了一般读写结合课针对零碎的语言训练点进行语用训练的弊端，也避免了单纯运用文本的空白来想象说话的消极语用训练。

一般的读写结合之所以是消极的语用训练,是因为这种训练受到文章语境的制约,相应的表达很少是学生创造性的表达,基本上仅体现在学生对文本的理解或者是人物思想的感悟上,学生对语言的运用能力几乎停留在原有的水平上。这种没有创造性,在低水平、低层次上徘徊的语用训练就是消极的语用训练。

另外,这样的语用训练在使用上,可能还存在消极的因素,经常会出现语用训练与阅读之意偏离甚至背道而驰的情况。此外,还有的语用训练点往往是在课文的留白之处。课文留白之处本是课文写作的艺术,此处留白无声胜有声,如果用补充的方式补齐,反而没有了课文原有之味。这种碎片化的语用对学生的习作起不到真正的作用。

"1+1习作"读写结合课中的"1习作"提倡的是学生习得方法后的整体性表达,这是积极的语用训练。积极的语用训练不仅能实现学生的表达意图,还含有语言运用的个性和创造性思维。学生在前一个"1"中习得的方法,要迁移到后一个"1习作"中教师创设的语境中,重新构建自己的观念,这样一来就有效提升了语用的品质,改变了空白处练一点、想一点、写一点的碎片化表达。

如关于人教版语文教材中课文《晏子使楚》,有的教师写的教学设计为:如果你是齐王,会怎样评价晏子?请试着写上几句话,加深对晏子这一人物的理解。这样的练习,在课堂中很常见,也是教师引导学生做读文批注,落实语用的常用方法。我们来反思这个语用设计的价值:一是积极利用了课文的补白艺术,二是检测了学生对人物的理解,仅此而已。但我们提倡的积极语用训练是指向提高学生的语言文字运用能力的,显然上述语用习作并不能真正提高学生的语言文字运用能力。如果这样设计读写结合就会有效地提升"1习作"的价值:晏子使楚,赢得了楚国人的尊重,晏子回国后,一定会把自己在楚国的故事讲给齐王听,请你用晏子的身份来描述自己在楚国的故事。要完成这样一个语用训练,学生必须在读懂文章的基础上,对文本再加工。在进行语言再加工的过程中,学生的语言创生智慧就得到了应用,这样的语用习作才是积极的语用习作。

案例一：

如何把景物写具体
——人教版四年级上册语文教材第五组

【组文说明】

本组课文以"我国的世界遗产"为专题,选编了精读课文《长城》《颐和园》和略读课文《秦兵马俑》,三篇课文均展现了中华文化的魅力,是引导学生了解中国世界遗产的一扇扇窗口。教学参考书还指出,要将感悟课文理解内容、认识事物增长见闻、品味语言领悟写法、陶冶情感受到熏陶等整合起来,引导学生认真阅读课文,想象课文描写的情景,留心文章的表达方式。

【设计理念】

本组课文如果只让学生了解中国的世界遗产,仅仅是完成了文本提供的内容学习,就语文教学而言,还需要引导学生留心文章的表达方式。这三篇课文中共有的特点是都采用了"首尾呼应""总分总"的结构方式,这是文章的一种表达结构,是需要学生学习的布局谋篇的本领。其次,这三篇课文中,每一篇在具体表达方面也各有特色,这为学生学习文本表达方式提供了范例。

在《长城》这篇课文中作者抓住特点,采用"先整体后局部"的描写方法,借助事物展开联想,把长城凝结的劳动人民的血汗和智慧表现了出来。《颐和园》这篇课文最显著的特点是"移步换景"的写作方法,另外一个重要的特点就是作者"抓住事物特点进行具体描写"的方法。《秦兵马俑》尽管是一篇略读课文,但是在描写方面可圈可点的地方较多,如作者"围绕中心句展开描写"的方法,还有作者"抓住事物运用观察加想象"的方法使描写更为生动,让读者有身临其境的感觉。文本中这些描写景物的具体方法,就是学生应该掌握的语用表达技巧,是语文学习的本质要求,所以这便成为教学的重点。

【助学目标】

1. 学习前后呼应的写作手法。

2. 掌握课例中提到的"把文章写具体"的方法。

3. 尝试运用,能够写一篇微作文。

【助学过程】

板块一:复习导入

师:第五组的文章已经学完了,请同学们翻到81页。单元导读中有这样一句话:"认真阅读课文,想象课文描写的情境,留心文章表达的方法。"本单元有哪几篇课文?请同学们想想它们在表达方法上都有哪些特点。

生:《长城》《颐和园》《秦兵马俑》。

板块二:引导学生体会文本段落结构

(一)回忆移步换景的写法

师:想把景点写清楚、写明白,就要按顺序描写,在《颐和园》中我们就学到了这种方法。《颐和园》里面有一些句子把景点与景点连接了起来,还记得吗?咱们一起来回忆一下。

生1:进了颐和园的大门,绕过大殿,就来到有名的长廊。

生2:走完长廊,就来到了万寿山脚下。

生3:登上万寿山,站在佛香阁的前面向下望,颐和园的景色大半收在眼底。

生4:从万寿山下来,就是昆明湖。

生5:游人走过长长的石桥,就可以去小岛上玩。

师:你们知道这是作者运用的什么写作方法吗?

生:移步换景。

(二)采用过渡语进入"总分总"段落结构的学习

师:作者按照游览的顺序写下来,就把景点的顺序写得非常清楚、明白,做到了按顺序描写,我们读者也读得很清楚。可是我们想把一个景点写好,仅仅把游览的景点写清楚是不够的,还要把景点写具体。这三篇课文在结构上都有一个共同的特点,谁知道?

生:都是总分总的结构。

(师引导生齐读《长城》的第一段和最后一段。)

师:第一段总写,最后一段又来了一个总的概括。不但这篇课文是这样,《颐和园》和《秦兵马俑》也是这样。

(生齐读《颐和园》《秦兵马俑》的第一段和最后一段。)

师:这种写法有什么好处?

生:可以把景点按顺序介绍得很清晰。

师:他说的这一点我是赞同的,可以把景点介绍得很清楚。一开头就表述对景点的整体印象,然后具体介绍,最后再概括感受,我们称这种结构为首尾呼应:前有伏笔,后有照应,可以使内容更完整,结构更紧密,引起共鸣。我们写作文的时候也可以采用这种方法。

板块三:学习三篇课文中把景点写具体、写生动的方法

(一)学习《长城》从整体到部分的写作方法和展开联想的方法

师:既然要写景点,那么怎样才能把景点写得具体、生动,让读者读起来仿佛身临其境呢?同学们,如果让你们介绍一个景点,你打算怎样把景点介绍得具体、生动?

生1:我要把景点好的原因写出来。

生2:多写几个景点。

师:怎样才能把景物写具体?

生:抓住景点的特点。

师:不错,但是要抓住景点的特点,还要用点办法。

生:可以用比喻、拟人、排比等。

师:他说可以用一些修辞手法,这是一个好办法。我们来看一下课文中用了哪些方法。

(课件出示《长城》第二段,指生读。)

师:这一段介绍长城,抓住了长城的什么特点?

生:高大坚固。

师:是的,这一段写出了长城的高大坚固。

(师让生齐读这段的第二句和第三句。)

师:这是写长城的什么?

生:长、宽、高大坚固。

师:长、宽、高大坚固是长城的部分,还是整体呀?

生:整体。

师:读读后面几句话,看看写的是长城的部分还是整体。

生:写了垛子、城台、堡垒、瞭望口、射口等,是长城的部分。

师:作者先写整体,再写部分,就把景物的特点写清楚了。

(课件出示《长城》第三段。)

师:我觉得这段是多余的,既然是写长城,从整体上写和部分上写就够了。这段是写长城吗?

生:这是写作者的感受和作者站在长城上的想象。

师:可以去掉吗?

生:不可以。

师:那这段有什么用呢?

(师让生齐读这段。)

生:可以让我们体会到在古代修建长城是多么艰难。

师:没有这段我们还能不能体会到劳动人民的艰辛?

生:不能。

(师让生齐读这段的最后一句。)

师:这段是作者的想象,把长城的价值写出来了,让我们体会到长城确实是一项伟大的工程。作为一个中国人,我们感到由衷的自豪和骄傲。学习完这篇课文,我们知道长城的特点是雄伟、高大坚固。本文的写作方法是先整体再局部,又加上想象,这样就把长城写具体、写生动了。

(二)学习《颐和园》抓住事物特点具体描写的方法

(课件出示《颐和园》第二段。)

师:长廊的特点是——

生:长。

师:对,长廊最大的特点就是长,那你们是怎么读出它的长的?

(生齐读这段的第二、三两句。)

师:我们通过"一眼望不到头"和具体的数字体会到了长廊的长。

(课件出示"抬头一看,一座八角宝塔形的三层建筑耸立在半山腰上,黄色的琉璃瓦闪闪发光。那就是佛香阁。")

(生齐读。)

师:如果我们介绍一个同学(以生为例),我们要先介绍他的名字,再介绍他的外貌、性格等。这样的介绍,你最先听明白的是什么信息?

生:他的名字。

师:对的,因为他的名字在前,特点在后,名字听清楚了,可是特点没记住,这怎么办呢? 我们再看这句话,这里介绍的是佛香阁,一开始说佛香阁的名字了吗?

生:没有。

师:那可以这样写吗?

(课件出示"抬头一看,佛香阁一座八角宝塔形的三层建筑耸立在半山腰上,黄色的琉璃瓦闪闪发光。")

(师让生齐读修改过的这句话,并和原文比较,想想哪句更好。)

生:原文突出了佛香阁的特点,原文更好。改后的非常普通,没特点。

师:不管怎么写,佛香阁的特点都是什么?

生1:高、美。

生2:我觉得原文这样写,埋下了一个伏笔,先写特点,让读者想知道这个建筑到底是什么,能够引人入胜。

生3:我觉得改后的话也可以,但是要在佛香阁后面加一个"是"。

生4:我觉得原文更好,先说佛香阁的样子,再说它的名字,这样给人的印象比较深刻。

师:真棒,掌声鼓励。第一句,先写佛香阁的特点,再写它的名字,非常引人入胜。第二句,按顺序描写,太普通了。我们把第一句的写作方法叫什么?

生:倒叙。

师:是的,倒叙,把佛香阁的特点放在前面,会更突出它的特点。接下来写的是昆明湖。昆明湖有什么特点?

生:静、绿。

师:运用了什么手法?

生:比喻。

师:这篇课文就写了这些景点,用了这些方法。

(三)学习《秦兵马俑》借助想象具体、生动表达的方法

(课件出示《秦兵马俑》第二段。)

师:作者抓住了什么特点?

生:规模宏大。

师:作者是用什么方法把它的规模宏大写出来的呢?

(师让生自由读这段。)

生:列数字、类比。

师:把什么和什么比较?

生:俑坑和五十个篮球场。

师:为什么不和天安门广场对比呢?

生:因为有的人没去过天安门广场,用篮球场作比较更能让人明白。

师:表现真棒。用熟悉的事物作比较,更能让我们明白。

(课件出示第三至七段。)

师:默读描写兵马俑类型众多、个性鲜明的段落,想一想作者用了什么写作方法。

生:描写类型众多的兵马俑时,前面写它们的样子,后面写作者的想象。

师:这样写有什么好处呢?

生:把它们的个性写出来了,写得活灵活现。

师:是的,把兵马俑都写活了,这种写法叫细致的观察加想象。观察加想象的方法会让你写出的景物特别生动形象。其实在这段也有。

(课件出示第八段。)

师:作者在这段还用了排比的修辞手法,我们一起来读。

(师生齐读。)

师:作者这样写,好像兵马俑都有生命,它们神态各异。

(总结:这三篇文章都突出了景物的特点。怎样把景物写具体、写生动,方法有很多,我们这节课也学到了很多,有先写整体,再写部分,加上作者的联想;列数字;倒叙;比喻;作比较;细致观察加想象,还有排比等。)

板块四:迁移运用

师:给大家一个锻炼的机会,看看你们能不能用上今天学习的写作方法。

(课件出示一组菊花的图片。)

师:大家在书上写一写这些菊花具有什么特点。你会用什么方法把它们的特点写出来呢?

(学生写作,教师指导,教师把写得好的读给大家听。)

【助学反思】

学生作文难在何处

三年级是学生写作文的起步阶段,写作文成了不少学生的挠头之事,也是许多语文教师教学中的难点。学生完成了几年的语文学习,阅读了不少文章,可是作文依旧不会写,没内容可写,害怕写。我想应该反思我们的阅读教学。在阅读教学中我们过多地教给了学生对课文内容的理解,而忽略了表达;过多地教给了学生分析课文的能力,而忽略了语用的训练。在日常的阅读教学中,部分教师已经意识到了语用训练的重要性,会在阅读教学的过程中抓住训练点让学生进行语用训练。这样的语用训练在落实语言文字方面确实起到了积极的作用,可是这样的语用训练往往是碎片化的,既没有一定的连续性,也没有一定的系统性,虽然对学生的语言文字落实起到了一定的积极作用,但是对学生的习作训练却没有起到积极有效的推进作用,因此学生学了数篇文章后,依然不会写作文。

那么怎样有效地落实习作教学?我认为做好"1+1习作"读写结合课是一条非常好的路径。这里提到的"1习作"与读写结合中的"写"是有区别的,读写结合中的语用训练是碎片化的语句练习,而"1习作"是从整篇文章的结构、表达方式出发进行读写的结合。这样的读写结合甚至要站在单元的高度进行读写的迁移训练。我们学习的文章都是经典的习作范例,语言表达、布局谋篇都是学生习作的良好例子。

学生作文写不好,在一定程度上跟教师的教学有关,教师不教学生习作的方法,学生当然就不会写。在本组文本的教学中,教师通过具体的文本案例,教给学生翔实的写作方法,学生掌握习作方法以后,进行迁移训练。学生写作文时联系运用习作方法,就会解决不会写的问题。"1+1习作"读写结合课中,学生在前一个"1"中学到了习作方法,接受了深入的习作教学,写起作文来就不会那么为难了。

(案例提供:李玉玺)

案例二:

动物描写一组
——《白鹅》《猫》《母鸡》

【组文说明】

人教版四年级上册语文教材第四组的主题是"动物描写",围绕这一主题,教材选编了不同作家描写同一动物及同一作家描写不同动物的四篇课文,并安排了以观察小动物、说小动物、写小动物为主要内容的综合性学习活动。

《白鹅》这篇课文中,作者重点表现的是白鹅性格的特点——高傲。刚把这只鹅抱回家时,从"伸长了头颈""左顾右盼"的姿态描写中,这只鹅给我们留下了"高傲"的最初印象。继而以"鹅的高傲,更表现在它的叫声、步态和吃相中"这一过渡句统领全文,细致刻画了鹅"严肃郑重"的音调、"大模大样"的步态和"三眼一板""一丝不苟"的吃相。

作者善于运用对比的方法来突出鹅的特点。如,用鹅的"引吭大叫"与狗的"狂吠"对比,表现鹅的叫声"大"和"严厉"的特点;用鸭的"步调急速,有局促不安之相",显出鹅"步调从容""大模大样"的大家风范;通过对狗"躲在篱边窥伺""敏捷地跑过来,努力地吃它的饭""立刻逃往篱边,蹲着静候"等如小偷般的描写,彰显鹅的老爷派头。这一系列对比,非常形象生动,使人如闻其声,如见其形。

此外,作者还善于运用反语来表达自己的感情。如,用"我们这位鹅老爷""不胜其烦""架子十足"等似乎含有贬义的词语表现鹅的个性,从中我们可以看出作者对鹅的喜爱之情。选编这篇课文的目的,一是引导学生体会动物的有趣、可爱,感受作者对生命的关爱、对生活的热爱;二是引导学生在阅读中体会作者抓住特点描写的方法,感受作者幽默风趣的语言风格。

《猫》这篇精读课文细致、生动地描述了猫的古怪性格和它满月时的淘气可爱,全文字里行间流露出作者对猫的喜爱之情。课文先从三个方面具体描述猫的性格古怪:讲它既老实又贪玩,既贪玩又尽职;讲它高兴时和不高兴时截然不同的表现;讲它"什么都怕",但又那么"勇猛"。这三个方面的表现,看起来相互矛盾,但都是事实,所以说猫的性格实在有些古怪。再讲它小时候十分淘气,表现在:一是刚满月,腿脚还站不稳时就爱玩;二是稍大一点胆子越来越大,也就更加淘气。

这篇课文有两个非常突出的特点。首先是表达了真挚的感情。老舍先生对家里猫的爱如同对儿女的爱,因此无论是古怪还是淘气,在他眼里都是十足的可爱。而且人与猫之间互相信任,和谐相处,创造出一个非常美好的境界。其次是老舍先生平实无雕琢的语言风格。在介绍猫的性格特点时,只是将事实具体地写出来,使猫的形象越来越丰满,性格越来越鲜明,给读者留下深刻的印象。选编这篇课文的目的,一是让学生继续感受人与动物和谐相处的美好意境,体会作者对生活的热爱;二是引导学生感受作者"用具体事实表现动物特点"的描写方法。

《母鸡》是老舍先生另一篇脍炙人口的佳作,描写了作者对母鸡看法的前后变化,表达了对母爱的赞颂之情。课文以作者的情感变化为线索,前后形成了鲜明的对比。前半部分写了母鸡的无病呻吟、欺软怕硬和拼命炫耀,再现了一只浅薄、媚俗的母鸡;后半部分则描写了母鸡的负责、慈爱、勇敢和辛苦,塑造了一个"伟大的鸡母亲"的形象。作者对母鸡的情感由"讨厌"转变为尊敬。本文的语言风格比较口语化,直白自然,散发着浓郁的生活气息,读起来令人感到亲切舒服。选编这篇课文的意图,一是通过与《猫》进行对比阅读,感受作者在表现动物特点和表达情感上的异同;二是通过阅读课文,体会作者对母亲的崇敬和对母爱的赞颂。另外,教材还选编了选读课文《麻雀》让学生进行迁移学习。

【设计理念】

描写动物的课文在以前已经学过不少,本单元在四年级上册的作用不仅仅是引导学生感受作者对动物的喜爱,更重要的是引导学生学会"抓住动物特点进行描写"的写作方法。本单元选编这几篇课文意在让学生比较不同作者对同一动物的描写以及同一作家描写不同动物的相同点和不同点,掌握通过具体事例描写动物特点的方法,进一步学会在通过具体事例描写动物特点时用上对比和拟人的修辞手法、总分的行文方式以及反语等多种多样的写作方法。

动物描写一组中的三篇课文都是我国作家写的,语言风格上学生比较容易接受,而且本组课文都是运用对比和拟人的修辞手法、总分的行文方式以及反语等写作方法,通过具体事例来描写动物特点的。《麻雀》这篇课文意在引导学生在学习完三篇课文后进行迁移运用,巩固描写动物特点的方法。接着让学生当堂进行片段练习,描写动物特点,并当堂讲评,引导学生学会运用本节课学到的写作方法。

【助学目标】

1.按照课文要求掌握相关生字新词。

2.学会通过具体事例描写动物特点的具体写作方法,并且运用到自己的写作中。

3.感受作者对小动物的感情。

【助学过程】

板块一:助学导入

师:同学们请坐好,我们准备上课了。李老师特别想知道大家都喜欢哪些小动物。

(生随机说。)

师:李老师听到有的同学说小狗,有的说小兔子,那你们能说说这些动物的特点吗?

生:小狗十分忠诚。

师:小狗十分忠诚,你说出了小狗的特点,但是单凭你们说,我们并不能清晰真实地感受到小狗忠诚的特点。那么如何才能让别人清晰真实地感受到我们所要介绍的小动物的特点呢? 这节课就让我们走进丰子恺先生的《白鹅》以及老舍先生的《猫》和《母鸡》,看看他们是如何描写动物特点的。下面请同学们快速浏览课文,看看作者笔下的这些小动物各有什么特点。

(师板书:白鹅 猫 母鸡)

板块二:整体感知写作方法

师:很多同学都已经读完了,那么谁来说说丰子恺先生笔下的白鹅有什么特点?

生:高傲。

师:那老舍先生笔下的猫呢?

生:性格古怪,淘气可爱。(师板书)

师:回答得很完整,那母鸡又有怎样的特点呢?

生:开始令人讨厌,后来负责、慈爱、勇敢、辛苦。(师板书)

师:思考得很全面。同学们都找到了作者笔下这几种小动物的特点,那么请大家思考一下作者是如何表现这些小动物特点的。

生:拟人……

师:同学们说的是具体的写作方法。作者在表现这些小动物特点的时候是通过一个个具体的事例来写出动物特点的,而作者在用具体事例描写动物特点时,又用到了很多同学刚才提到的写作方法。下面请同学们默读课文,找一找作者用到了哪些具体方法,画出相关句段并且做上标记。

板块三:总结写作方法

(一)对比

师:请同学们说一说作者在用具体事例表现动物特点时用到了什么写作方法。

生:对比。

师:你能用课文中的句子举例说明吗?

(生读《白鹅》中相关句子,师总结:作者将白鹅的叫声与狗的叫声进行对比,突出了白鹅的高傲;在步态方面,将白鹅与鸭进行对比,让我们感受到了白鹅的高傲步态……没有发现的同学要画出来做上批注。)

师:老舍在用具体事例描写猫的特点时用到对比了吗?

(教师引导学生总结:满月的小猫是淘气可爱的猫,而成年的猫是性格古怪的猫,作者将两个阶段的猫进行了对比,让我们感受到了猫的性格特点。)

师:那《母鸡》这篇课文中有对比吗?

生:开始讨厌母鸡,后来喜爱母鸡。

师:对,这是一种情感的对比,开始讨厌,后来不仅仅是喜爱,而且已经上升到了崇敬和敬佩的高度。

(二)总分的行文方式

师:你还发现了什么写作方法?

生:总分的方式。

师:嗯,总分的行文方式。它在课文中是如何体现的?

生：在《白鹅》这篇课文中，先总写了白鹅的高傲体现在叫声、步态、吃相三个方面，接着具体描写了白鹅在这三个方面的特点。

师：老师明白了你的意思，但是你回答得不是很准确。

（师总结。）

师：谁能按照老师刚才分析的总分的行文方式来分析一下《猫》《母鸡》这两篇课文？

生：《猫》一课中先总的来说猫的性格古怪，然后分别从三个方面介绍了猫的古怪。《母鸡》一课中先总写母鸡令人讨厌，接着具体描写母鸡令人讨厌的三个方面。

师：其实在平时的写作中你可以采用总分的行文方式，也可以采用分总、总分总这样的行文方式，这些行文方式能让你的作文结构更清晰。

（三）拟人的修辞手法

师：除了对比和总分的行文方式，你还发现作者在通过具体事例描写动物特点时用到了什么写作方法？

生：拟人。

师：对，拟人这样的修辞手法。那你能读出文中相关的句子吗？即作者把动物当作人来写的句子。

（生读相关句子：这样从容不迫地吃饭，必须有一个人在旁侍候，像饭馆里的堂倌一样。）

师：这样把白鹅当作人来写，很形象地让我们感受到了白鹅高傲的特点。在《猫》这篇课文中用到拟人的修辞手法了吗？

生：它的头撞在门上，桌腿上，撞疼了也不哭。

师：其实老舍先生在写猫时，通篇都把猫当作人来写，足以让我们感受到作者对猫的怜爱，在《母鸡》这篇课文中也是如此。作者在用具体事例描写动物特点时，还用到了一种我们以前没怎么接触的写作方法，比如妈妈会常说"我们家那个淘气包……"这是哪种写作方法呢？

（生齐声说反语。）

师：你能通过课文中具体的句子说说作者怎么用的反语吗？

生:鹅吃饭时,非有一个人侍候不可,真是架子十足。

师:嗯,表面上看起来作者好像是不喜欢这只鹅,其实用反语更亲切地表达了作者对鹅的喜爱之情。《猫》这篇课文中有没有用到反语?

生:猫的性格实在有些古怪。

师:对,在老舍先生笔下,无论是古怪的猫,还是淘气的猫都是可爱的,那老舍先生在《母鸡》这篇课文中用反语了吗?作者开始是讨厌母鸡,后来是喜欢崇敬母鸡,这是情感发生了变化(板书),并没有用反语,而《白鹅》和《猫》这两篇课文中发生情感变化了吗?

(生齐说没有。)

师:对,自始至终都是作者对小动物的喜爱之情。

板块四:迁移学习《麻雀》

师:两位先生运用了对比、拟人的修辞手法,总分的行文方式以及反语,通过具体事例来描写动物特点。下面请同学们翻到课本168页,大声朗读《麻雀》这篇课文,看看能读出麻雀的什么特点。

(生读文概括:伟大、勇敢。)

师:是啊,就像老舍先生笔下的母鸡一样,它伟大、勇敢,因为它是母亲。作者也是通过具体事例写出了麻雀的伟大和勇敢,在写具体事例的时候作者又用到了哪些写作方法呢?

生1:比喻——突然,一只老麻雀从一棵树上飞下来,像一块石头似的落在猎狗面前。

师:通过比喻形象生动地体现了麻雀妈妈的坚定和勇敢。

生2:将"它扎煞起全身的羽毛,绝望地尖叫着",与"可是因为紧张,它浑身发抖了,发出嘶哑的声音"对比。

师:通过对比我们体会到了麻雀虽然很紧张,但是为了保护小麻雀它必须勇敢。这就是母亲的伟大之处。

板块五:拓展练笔

总结写作方法:通过这节课的学习,我们应该学会运用具体的写作方法通过具体事例来描写动物的特点。写一写你喜欢的小动物,注意抓住动物的特点,通过具体事例,用上我们学到的写作方法,写一个片段即可。

板块六:点评

用展台展示学生的作品,给予学生具体的评价:抓住小动物特点来写的给予一颗星奖励,通过具体事例来描写小动物特点的给予三颗星奖励,用上我们学过的写作方法的,每用一种给予一颗星奖励。

【助学反思】

授之以渔

韩愈《师说》中有言:"师者,所以传道授业解惑也。"我想,师者当以授之以渔为己任。

以前,我也曾经以为擅长写作必与天赋和后天大量的阅读有关,后来我发现这两个是重要条件,但是习得方法也很重要。而作为语文老师的我们,正是传授给孩子们习作方法的"渔夫"。所以这次我决定上一堂这样的课,引导学生从多篇课文中找出共同的写作方法,然后迁移运用到自己的写作中去。

说实话,原本以为结构清晰的三篇课文对学生来说应该是不难的,但是在我参读教参、课本,上网查找资料的时候才发现课容量是如此之大。安静下来,我在思考这节课学生应该学会什么,这节课要达成的教学目标是什么,我应该通过这节课发展学生什么样的语文学习能力。考虑清楚了这些问题之后,我决定在解决这三篇课文的重难点之后,教会孩子们运用我们熟悉的写作方法——通过具体事例描写动物特点的方法。

我设计了如下教学环节:先让孩子们明确,要想让别人清晰感受到自己要介绍的动物特点,必须通过具体事例进行描写;然后和孩子们分析作者在写具体事例的时候用到了哪些写作方法;接着引导学生迁移学习《麻雀》这篇课文,对"运用具体写作方法,通过具体事例描写动物特点"这种方法进行巩固,加深印象;最后进行练笔,并且当堂展示和点评学生的习作练习。很简单的教学目标,很清晰的教学环节设计,我想我应该是在努力"授之以渔"吧。

课堂练笔环节是检验这节课教学目标是否达成,以及这堂课是否真正有效的关键。孩子们没有让我失望,下面是一位学生的课堂练笔。

我家的小狗十分忠诚,不像小猫一样。猫非常喜新厌旧,哪家的主人对它好,它就待在哪家。但狗不一样,不管主人对它怎样,它都会把家看得很好。凡有生客进来,它就汪汪大叫,真是"坏"极了!

我的老家里养着一条小狗,它非常贪吃。有一次,我拿了半块馒头给它,它狼吞虎咽,不像我家的猫,细嚼慢咽。它似乎还没有吃够,我又拿了一碗剩饭给它,它还是没吃饱,我想,它一定是第某届大胃王。我的爷爷见了,又拿了两块馒头给它,它终于吃饱了,于是高兴地汪汪叫了起来。

以前,我准备一堂课总是追求面面俱到,一堂课设计识字、读文、情感熏陶等多个教学目标,并且为了实现这些教学目标一厢情愿地设计各种各样的教学环节。为了让这些教学环节新颖顺畅,我反复锤炼着教学过渡语。这样的一堂课如果没有试讲,对时间的把控难度会很大,而且会出现各种难以应对的学生的真实表现。而出现这种现象的原因正是我没有从学生的角度去设计教学目标,没有脚踏实地为了发展学生的能力去教。

这堂课因为时间关系我没有试讲,但是时间把握却是恰到好处,连我自己都不知道是如何掌控时间的。讲完想来,其实是学生自己在把控时间,因为学生很清晰地感受到了这节课的目标,知道自己应该发展什么样的能力,所以学生只是按照教师的引导自主地学习。因此,这堂课的时间更多的是学生在把控。说实话,在这堂课中学生并没有按照我预期的顺序进行教学回答,但这才是真实的课堂,才能考验我对课堂的应对能力,这也许是生本课堂的一角天空吧。

一堂公开课又结束了。两年多以来我已经上了好几次公开课,老师们对我的评价是越来越自然。我觉得自己渐渐把公开课上成了常态课,上得越来越实在,上课之前对自己要达成的目标也越来越明确,对自己要教给孩子们的学习方法越来越清楚。

但是,我深知,应该让孩子们学会的不仅仅止于此。从这节课的设计来看,因为是总结复习写作练习课,所以课堂上没有那么多教学环节,只是引导学生说出了课文用到的写作方法,但没有引导学生体会这些写作方法的作用是为作者表达情感服务的。课堂上我只是在学生总结出写作方法后自说自话地说出这些写作方法的作用,这样直接抛给学生的做法违背了我授之以渔的初衷。而且在总结出写作方法引导学生去文中找相关句段时,只是蜻蜓点水地找出了一处或者几处,并没有覆盖全文,所以致使学生对这些写作方法体悟不到位。而学生最后的写作能达到课堂教学效果的原因就在于这是一节复习总结写作课。

另外,我给予学生的写作练笔时间还是不够充分,许多学生没有写完。令人欣慰的是,课堂结束后,有的孩子还沉浸在课堂中,投入地完成自己的练笔片段。在点评环节,我没有全面地评价学生的习作,虽然给予了学生具体的星级评价,但是对于学生的书写、用词以及行文方式没有做出评价。

这堂课还有一个败笔就是我没有展现出上课的激情,因此孩子们好像也有些疲沓。复习课、写作课本身就没有新授课那么多新颖的教学环节,很难调动起学生的课堂积极性,加之我自身的缘故,这种复习课的弊病就没有被打破。

每一次经历所获得的失败经验都是下一次进步的基石。上学期我尝试了"1+1篇"阅读整合课,这一次我挑战了"1+1习作"读写结合课,虽然更多的是失败的教训,但既然是尝试就要做好失败的准备,能勇敢迈出这一步,我为自己和孩子们的努力点赞。

（案例提供：李光菊　案例指导：李玉玺）

案例三：

移步换景学游记

——《颐和园》《记金华的双龙洞》游记一组

【组文说明】

人教版四年级上册语文教材第五组的主题是"我国的世界遗产"。其中,《颐和园》这篇课文描绘了北京颐和园的美丽景观,全文层次清楚,首尾呼应,语言生动优美,描写具体形象,处处洋溢着作者对颐和园的赞美之情。选编本篇课文的目的,一是使学生了解颐和园的美丽景色,进一步激发他们探究中国的世界遗产的兴趣,感受劳动人民的智慧和才干;二是引导学生积累语言,学习按照游览顺序并抓住景物特点进行描写的写作方法。

《记金华的双龙洞》是人教版四年级下册语文教材中叶圣陶先生早年写的一篇游记。作者按游览的先后顺序,先写了去双龙洞途中的风光,接着写双龙洞洞口和外洞,再写怎样通过孔隙来到内洞,最后写出洞,线索十分清晰。在记叙中,作者的语言朴素,真实可感。选编这篇课文的目的,一是通过阅读,让学生感受金华双龙洞自然景观的美,激发学生热爱大自然的情趣;二是让学生通过感悟课文记叙的游览顺序,学习有条理叙述的表达方式,体会作者遣词造句的准确和朴实。

【设计理念】

在小学阶段的语文学习中,游记散文所占的篇幅不少。游记散文不仅描绘了祖国大好河山的美丽景致,而且寄托了作者积极、健康的乐观情怀。小学语文老师教学游记散文时,既可以引导学生学习、借鉴景物描写的方法,又可以引领学生感受作者的美好情感,培养学生对大自然的正确态度。

游记,顾名思义,是作者游览中所见所感的记述。它以叙述为主要表达方式,当然也会用到描写、抒情、议论和说明等表达方式。在文体归属上,它是散文家族的一员,是记叙散文的一种,具有散文形式灵活、文情并茂、篇幅短小的特点。

游记散文是以写景为主的文章,所以在教学游记散文的时候,一定要先抓住游览的顺序,弄清楚作者的游踪。弄清楚作者的游踪,有助于学生搞清楚文章的脉络。在搞清楚文章脉络的基础上,还要抓住景物的特点,对景物的特点进行深入研读,让学生能够掌握景物描写的方法。所以围绕着理清游览顺序和学会移步换景写作方法的主题,我整合了以上两个景点的游记。本次整合教学不仅仅是为了让学生理清游览顺序和学会移步换景写作方法,更是要将品味语言领悟写法、陶冶情感受到熏陶等进行整合,真正实现"一课一得"。

《颐和园》一文最大的特点就是按游览顺序,抓住景物特点,用简洁准确的语言写出了颐和园的美丽景色,展示了我国园林艺术的辉煌成就和古代劳动人民的智慧才干。它采用移步换景的方法,按照游览的顺序记叙。一写长廊的景色:先抓住"长"的特点从总体介绍,然后抓住每一间的横槛上五彩画的特点从内部介绍,最后抓住长廊两旁风景宜人的特点介绍外部环境;二写万寿山的景色:先写从山脚下抬头看到的佛香阁和排云殿的壮观景象,再写站在佛香阁的前面从山上向下、向前、向东远眺所看到的美丽景色;三写昆明湖的景色:分别介绍了长堤、湖心岛、十七孔桥。课文开头总述颐和园的美丽,结尾与开头呼应,表达了作者的赞美之情。

《记金华的双龙洞》中,叶圣陶先生按照游览的先后顺序,先写双龙洞沿途的风光,再写双龙洞洞口和外洞,接下来写通过孔隙来到内洞,最后写出洞。在行文过程中,双龙洞路上的"明艳美"、溪流的"变化美"、孔隙的"险峻美"和内洞的"奇妙美"得到了显现。

众所周知,一切文艺创作都来源于生活。而游记更强调作者的亲见真闻,强调第一手材料和现场感受。不身历其境,就不可能写游记;不从游览、观察的体验出发,而从某种概念出发,就不可能写好游记。

游记要写得美,但首先要写得真。人们读游记,除了要从中获得文学的美感享受外,还要借以增长知识,开阔视野,并透过这面景物和世态的折光镜,寻觅时代的影子。因此,不仅自然风光、人物和事件要真实,作者的观感也要真实。

如此看来,通过比较阅读,我们就可以对文章的相同点进行归纳、评价,也可以对文章的不同点进行分析、比较,最终加深对本文的理解,使思维得到发展,提高鉴赏能力。

【助学目标】

1. 了解游览顺序。

2. 领悟移步换景的游记特点,体会并运用作者结合见闻和感受的表达方式。

3. 能将学到的移步换景法和具体描写的写作方法运用到自己的习作中。

【助学过程】

课前谈话:同学们,我们的祖国幅员辽阔,山川秀美,到处都有迷人的景色。比如说,初老师就曾经带领学生去游览过——(课件出示小兴安岭和西沙群岛图片)接着我们还游览过庐山的瀑布,这迷人的风光让我想起了一句诗文:飞流直下三千尺,疑是银河落九天。再看看杭州西湖美景(课件出示杭州西湖图片),当你看到这样的景致,会想起怎样的诗句呢?

(谈话时,课件出示画面,教师引导学生联系生活,欣赏祖国的大好河山,并结合已学的诗文表达情意。)

板块一:学习课文《颐和园》

(一)导入

师:暑假过去了,十一长假也过去了,初老师想问问同学们,你们都出去旅行了吗?你去了哪里?看到了什么?有什么感受?

师:像这样把自己游览过程中看到的、听到的、想到的记下来就叫游记。那么游记究竟应该怎么写呢?这节课我们将一起来学习咱们小学阶段的第一篇游记,相信同学们一定会有所收获和启发。接下来,初老师将化身为你们的导游,你们可以叫我初导,我将带你们一起去几个有名的景点游览一番,你们兴奋吗? 兴奋可以,但千万不要因为过度兴奋而掉队,或是按照自己的意愿去游览,一定要在导游的指引下一步一步按照顺序去游览,否则,你就可能会走错路,走冤枉路。游客们,你们准备好了吗?

(二)"颐"字教学

1. 简介

师:在我国首都北京坐落着一座世界上最大、保存最完整的皇家园林,它就是——

(教师板书课题《颐和园》,并强调"颐"的笔顺和书写重点。)

2. 理解"颐"

师:"颐和园"三个字,你认为哪个字最难理解? 谁会解释? 如果遇到这样的情况,你平时都会怎么办?

(课件出示字典中"颐"的两个含义:面颊,腮;休养,保养。)

3. 整体印象

师:这座寄托着美好愿望的皇家园林会给作者留下怎样的整体印象呢? 请同学们带着这个问题,有感情地大声朗读课文,注意读准字音,读通句子。

找出描写作者整体印象的句子读一读:"北京的颐和园是个美丽的大公园。""颐和园到处有美丽的景色,说也说不尽,希望你有机会去细细游赏。"

(教师指导学生再读这两个句子,读出颐和园的美丽和大,首尾呼应。)

(三)理清游览顺序

1. 找句子

师:既然是游记,那就一定会告诉你游览的顺序,你们看——(出示句子"进了颐和园的大门,绕过大殿……")像这样表示游览顺序的句子,在文中还有很多处,再读读课文,找到它们,并用波浪线划下来。

(生将自己找到的句子读出来。)

2. 根据平面图游览

师:让我们根据这张颐和园的平面图来再次熟悉一下作者的游览顺序吧。

(生根据课件,依次说出相应的表示游览顺序的句子。)

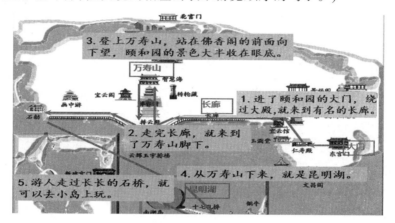

师:读完这几个句子,同学们有没有发现这些句子里藏着很多动词?赶紧找一找,看谁找得又快又对。

3. 总结

师:作者就是抓住"进了""绕过"等这些动词,来连接它们后面的景点的。像这样通过动词连接景点,依次表达游览顺序的表达方法就叫移步换景法。

(板书:移步换景法)

师:它可以让游览的景点不断更换,使游览过程十分清晰。请同学们再朗读一遍上述五个句子。

板块二:迁移学习《记金华的双龙洞》

师:其实,同学们熟悉的叶圣陶爷爷也曾经写过一篇游记。1957年,60多岁的叶圣陶爷爷游览了浙江金华的双龙洞,并写下游记《记金华的双龙洞》。

(一)初读

师:下面请同学们拿出课文纸,自由地读一读课文,想一想作者是按照什么顺序来游览双龙洞的。

（二）游程图，标顺序

师：拿出游程图，你可以学着学习《颐和园》时的样子，用标序号的方式来表示游览顺序。同桌合作完成后找一位同学上台演示。

（三）说顺序

师：那同学们能不能把这些游览顺序连起来，用完整的话说一说呢？初老师温馨提示，同学们可以先从课文中找出表示游览顺序的句子，再根据顺序组成完整的句子。

（师生共同总结：出金华城大约五公里来到罗店，过了罗店就渐渐入山。入山大约五公里就来到双龙洞口，走进去就进了外洞，经过孔隙，就到了内洞，最后又仰卧在小船里出了洞。）

（四）移步换景

学生从表示游览顺序的句子中，找出移步换景的地方，再次感受移步换景的魅力。

板块三：习作运用

师：同学们，你们是否掌握了游记的写作规律和移步换景的表达方式呢？初老师要考考你们。接下来，初老师要和同学们互换角色，请同学们做小导游，给大家介绍一下我们东营著名的旅游休闲圣地——清风湖。在写的时候，注意用上移步换景的表达方式，并将游览顺序写清楚。

（师巡视，指导。）

（学生上台做小导游，为大家介绍自己所设计的游览路线。师生共同修改。）

板块四：总结、伏笔

师：在各位小导游的解说下，初老师似乎真的去清风湖游览了一番呢。具体而生动地描写景点也是游记的重要特点之一。那《颐和园》是怎样对景点进行重点描写的？是不是每一处景点都需要具体的描写呢？而我们的《清风湖游记》又该怎样为景点的描写添砖加瓦呢？下节课，初老师将带领同学们一个地方一个地方地走，一个景点一个景点细细地游。

【助学反思】

细处着手 一课一得

接到要讲整合展示课的通知,我不禁大骇。虽然跟随着李玉玺老师整合的步伐,走了近一个学年,课堂上也初现成效,但真的要拿出一节整合课来做展示,我实在有些忐忑不安。

从前,我不是一个愿意在课堂上示弱的小老师,但如今,伴随着教龄的增长我也开始反思我对公开课的认识——有时候滔滔不绝的讲解和所谓精彩绝伦、独树一帜的教学设计却并不是孩子们想要的,那只是属于我一个人的表演,不是吗?自观摩教坛新星的《盘古开天地》一课以来,我接触整合课堂这条新征程已经有很长一段时间了,所以我很清楚地认识到,在课程整合的大道上,也许我的课堂再没有以前巧妙精彩,但它一定会成为课程改革背景下一堂真正属于孩子,也真正属于一名合格教师的语文课。

本次展示课课时只有40分钟,我很清楚我无法在这么短的时间内将一篇课文精讲后,再完成"1+1"的迁移任务,于是我打算从细处入手,从小处着手,力求达到"一课一得"的教学目标。没有刻意的准备,我只是按照教学进度选择了第五组的《颐和园》。

《颐和园》是一篇游记,课文描绘了北京颐和园的美丽景色,处处洋溢着作者对颐和园的赞美之情。本文不但文字优美,而且层次清晰,移步换景、首尾呼应的写作方法非常值得学生学习。为了能让学生理清作者的写作顺序,了解作者的表达方法,学会写游记,我设计了以下三个教学环节:首先是理清顺序,掌握移步换景法;其次是学法迁移与运用;最后是做小导游,进行习作练习。

在阅读教学中,我引导学生从范文的写作技巧中吸取写作经验,将阅读与写作结合起来,在习作时运用从阅读中学到的知识,增强在各种场合学语文、用语文的意识,多方面提高学生的语文能力。《颐和园》是一篇典型的游记,它开头即点明文章的中心:"北京的颐和园是一个美丽的大公园",接着围绕这一中心,运用移步换景的手法,向我们介绍了长廊、万寿山、昆明湖的美丽景色,最后再进行总结。所以,我教学这篇文章时,注重启发学生从文章的构思、写作方法等多方面向《颐和园》学习。

由于学生对于移步换景这种写法比较陌生,所以在"理清顺序,掌握移步换景法"这一环节,我让学生从表示游览顺序的五个句子中找出动词,之后我又直截了当地告诉学生作者运用了移步换景法:"作者就是抓住'进了''绕过'等这些动词,来连接它们后面的景点。像这样通过动词过渡连接景点,依次表达游览顺序的表达方法就叫移步换景法。它可以让游览的景点不断更换,使游览过程十分清晰。"最后让学生朗读上一环节找出来的句子,整体感知移步换景的魅力,加深印象。

在迁移与运用中,我胆战心惊地选择了四年级下册的《记金华的双龙洞》,之所以有些不放心是因为首次在整合课中选择"1+1"跨学段整合,怕孩子们用已有知识无法驾驭下册的知识。狠下心来认真地设计助学案,并在邻班进行了试课,结果并不理想,孩子们在寻找作者游览双龙洞的顺序时就被难住了。

我灰沉沉地与光菊老师探讨了该环节进行不顺畅的原因,发现并不是教学设计走了歪路,也不是孩子们的理解能力存在局限,而是没有给孩子们充分阅读的时间。考虑到课时安排的问题,我决定在展示课开始前一节课就让孩子们充分阅读课文纸。课上我又引导孩子们运用学习《颐和园》的方法迁移自学《记金华的双龙洞》,这样一来各环节都进行得很流畅,孩子们的参与度也是极高的,更值得欣慰的是孩子们对学习方法的掌握与运用都很熟练。

接下来,我又和学生互换了角色,由他们做小导游,将自己本节课学到的写游记的几种方法,运用到自己的《清风湖游记》中,孩子们兴致盎然,写作的效果基本达到预期。

在这40分钟的整合展示课中,也许我的课堂略显空洞,也许让语文味略有流失,但这没有表演性的课堂的确让孩子们"一课一得",收获大于损失。

（案例提供:初　曦　案例指导:李玉玺）

案例四：

读写结合 迁移表达

——《翠鸟》读写结合课教学设计

【组文说明】

《翠鸟》是人教版三年级下册语文教材第二组的第一课,这一组的主题是爱护周围环境,关爱大自然,保护动植物。本篇课文形象生动地介绍了一种生活在水边的小鸟——翠鸟,它十分惹人喜爱。全文共五个自然段,通过对翠鸟美丽的羽毛、小巧玲珑的外形和机灵敏捷特点的描写,最后归纳到对翠鸟的喜爱,进而呼吁人类与小动物和谐相处,热爱大自然。

本文在语言上的最大特色便是用词精确形象,充满动感,富于感染力。抓住事物的特点进行生动形象的描写是本课在表达上的独特之处。作者在介绍翠鸟时,紧紧抓住了它在外形和动作上的特征,表达方法不是简单的平铺直叙,而是采用了拟人、比喻、对比等多种方式,透过具体的语句让读者感受作者对翠鸟的喜爱之情。

【设计理念】

在新课程改革春风的吹拂下,我校打造的以"生学为本,师教为助"为理念的助学课堂为我此课的教学注入了新鲜血液。我以学生的学为出发点,助力学生寻找适合的学习方法,搭建好学习能力迁移的桥梁,营造自主、合作、探究的学习氛围并做好助学策略。

基于以上教学理念,我将本课的教学设计为两课时。第一课时的主要教学内容是理清文章脉络,读通课文,重点学习并感悟课文第一自然段。由于翠鸟的外形特点与生活习性息息相关,因此理解课文第一自然段是理解全文的关键。而这一段可谓是描写动物外形的最佳片断,作者极其生动形象地为我们刻画了一只栩栩如生、美丽可爱的翠鸟。因此,我采用了"1+1习作"读写结合课的助学策略帮助孩子们深度学习,旨在在阅读教学中渗透习作方法的指导,将培养学生的阅读能力和习作能力紧密结合起来,读写结合,以读促写,实现课内与课外的整合、课堂与生活的融合,真正落实从"教课文"到"学语文"的精彩转身。第二课时主要学习翠鸟捕鱼时的动作特点,体会翠鸟外形特点与捕鱼本领之间的关系,透过具体语句感受作者对翠鸟的喜爱之情。

本节课内容为第一课时教学设计。

【助学目标】

1. 认读生字、新词,正确书写"翠""翁"等生字,摘抄描写翠鸟外形的语句。

2. 有感情地朗读课文,背诵自己喜欢的部分。

3. 了解翠鸟的外形特点,感受翠鸟的美丽,体会作者是如何抓住事物的特点进行描写和说明的,以及关键词句在表情达意上的作用。

4. 感受作者对翠鸟的喜爱之情,培养学生保护动物、与动物和谐相处的意识。

【助学过程】

板块一:激趣导入,走进鸟世界

(1)同学们,大自然中有许多美丽的鸟儿(欣赏图片),你认识这种鸟儿吗?(课件出示"翠鸟"图片,简介翠鸟)。

(2)借此书写"翠"字,让学生观察。教师范写指导(板书课题),学生练写。

(3)形近字比较——"翁"与"翠"。学生观察"翠"字与"翁"字的不同之处,自己书写"翁"字。

(4)齐读课题,亲切地喊出新朋友的名字。

板块二:初读课文,理清文章脉络

(1)检查学生预习效果,让学生接读课文。

(2)学生倾听并思考:文章主要讲了什么内容?

(3)学生概括并归纳:

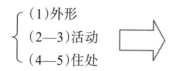

（1）外形
（2—3）活动
（4—5）住处

> 将三大段的段意串联起来就是本课的主要内容——采用串联段意的方法概括课文主要内容，简单易行。

板块三：品读第一自然段，认识翠鸟的外形特点

（1）自由朗读课文第一自然段，说说这只翠鸟给你留下了怎样的印象。

（2）翠鸟的颜色非常鲜艳，它有哪些鲜艳的颜色？

橄榄色
翠绿色
浅绿色
赤褐色
} 鲜艳

> 这么多明亮丰富的色彩就叫做"鲜艳"——采用联系上下文的方法理解"鲜艳"这个词语的意思。

（3）这些鲜艳的颜色，作者是按照一定的顺序来描写的：先介绍了翠鸟头部的羽毛，再介绍了翠鸟背部的羽毛，最后介绍了翠鸟腹部的羽毛。

我们在描写小动物的时候，也应该学习作者这种按照一定顺序描写动物特点的方法，这样才会层次分明。

（4）爱观察的同学一定发现了这些颜色与翠鸟名字的由来有密切的关系。

（5）这么美丽的翠鸟，请你与同桌一起美美地读一读。

出示（1）：它的颜色非常鲜艳。头上的羽毛绣满了翠绿色的花纹。背上的羽毛是浅绿色的。腹部的羽毛是赤褐色的。

出示（2）：它的颜色非常鲜艳。头上的羽毛像橄榄色的头巾，绣满了翠绿色的花纹。背上的羽毛像浅绿色的外衣。腹部的羽毛像赤褐色的衬衫。（原文）

学生自主感知第（2）种写法运用了比喻的修辞手法，形象生动地表现了翠鸟羽毛的鲜艳、美丽。

教师引导学生背诵、积累这一优美经典语段。

板块四:巩固运用,深化学习

出示丹顶鹤的图片和描写丹顶鹤外形的段落,让学生自由朗读并感知体会:这是一只怎样的丹顶鹤?

板块五:总结回顾,提炼写作方法

无论是漂亮可爱的翠鸟,还是洁白美丽的丹顶鹤,课文在写作手法上有什么相同之处呢?

板块六:迁移学习,练笔创作

出示白头翁的图片,引导学生观察,并对白头翁的外形进行练笔创作。要求:

(1)写前要认真观察。

(2)小动物身上鲜艳的颜色与小动物名字的由来之间有一定的关系。

(3)写作时要按照一定的顺序描写小动物的特点。

(4)采用比喻的修辞手法使我们描写的小动物形象生动、栩栩如生。

板块七:结语

翠鸟不光具有美丽可爱的外形,它的捕鱼本领也极其高超呢!下节课咱们一起来了解翠鸟是如何捕捉小鱼的吧!

【助学反思】

成长的旅行

若说磨课是一场旅行,那么我最为感激的是带我出发前行的良师李玉玺老师,他的帮助和鼓励是我最踏实的导向。这场源于《翠鸟》一课令人成长的旅行,风景美好。

《翠鸟》这篇课文语句丰富生动,不乏诗情画意。教学时,如何根据课文的需要,适时选用适当的教学方法,把学生带入特定的语言环境中,指导学生主动发现语言美,细细品味语言美,自觉接受形象美的教育是我本节课的切入点。我校实施的助学课堂为我此课的教学打开了一扇窗,我采用"1+1 习作"读写结合课的助学策略授学生以渔。

一、环环相扣,让助学课堂成为激情燃烧的磁场

兴趣是最好的老师,我采用直观、形象、真切的多媒体教学手段,触及学生的情感领域。"大自然中有许多美丽的鸟儿,你认识这种鸟儿吗?"画面定格在小巧玲珑的翠鸟图片上,瞬间点燃孩子学习的热情,由此调动学生的积极性,引导其观察比较"翠"与"翁"的区别,发挥学生识记、书写汉字的主动性,也巧妙地为后面的写作搭石铺路,在亲切、快乐、有趣、启智的教学情境中吸引孩子。

二、授之方法,让助学课堂成为智慧飞扬的加工厂

助学课堂倡导的"1+1"式教学方法,前一个"1"就是为了让学生从教材精选的内容中掌握一种学习方法,形成某项学习能力而着重教学的基点。

在课堂教学中,我重视对学生进行朗读训练,使学生在读中感悟,在读中加深理解。学生初读课文后,为了使学生理清文章脉络,我教授学生采用串联段意的方法概括文章的主要内容,既达成了本学段的教学目标,也让学生掌握了概括课文主要内容的方法。

抓住事物的特点进行生动形象的描写是本课在表达上的独特之处。作者在介绍翠鸟的外形时,抓住翠鸟颜色鲜艳、身材小巧玲珑的特点,描写了翠鸟的爪子、羽毛、眼睛和嘴。全段围绕"鲜艳"一词,分别从头部、背部、腹部对翠鸟的羽毛做了具体描写。选择怎样的教学策略使学生内化吸收翠鸟外形特点这一精彩语段,需要教师的智慧引领。

首先,以读代讲,放手让学生朗读第一自然段,为后面的继续学习起到"推波助澜"的作用。用心的孩子会很快发现翠鸟的羽毛颜色极其鲜艳。教师此时因势利导,出示"橄榄色""翠绿色""浅绿色""赤褐色"等带有其本身颜色的字卡使学生明白"这么多明亮丰富的色彩就叫做鲜艳"。这就很好地实现了语文课程标准里提出的"能联系上下文,理解词句的意思,体会课文中关键词句在表情达意上的作用"这一阅读目标。

其次,给学生的写作搭建桥梁,引导学生领会作者的观察顺序。按照自上而下的顺序分别描写了翠鸟头部、背部、腹部的不同颜色的羽毛,为学生提供一个理想的思维环境,使学生建立清晰的认知表象。

再次,通过对比阅读感知作者的表达方法不是简单的平铺直叙,而是采用了比喻的修辞手法准确、精致地刻画了翠鸟羽毛的色彩和花纹的美丽,描写生动、具体,使翠鸟显得更加活泼可爱。用"朗读—感悟—积累"层层深入的方式感受翠鸟的美,使学生亲身体会到作者用词的准确生动、句子的优美形象,在美读中体会作者表达的感情,在熟读成诵中积累语言,进而从中受到语言美的熏陶。

三、迁移学习,让助学课堂真正成为助力学生成长的地方

在阅读教学中渗透习作方法的指导,即本课所采用的"1+1习作"读写结合课的助学策略。叶圣陶先生曾说过"教材无非是个例子",语文教学必须立足教材,充分用好教材。《翠鸟》一课中,对翠鸟外形描写的这一段话是一个读写训练的最佳结合点,是练习写作的好材料。读写结合是语文教学的精华之一,是提高学生的读写能力,特别是提高学生习作能力的一条好路子。

语文课程标准指出,"写作教学应贴近学生实际,让学生易于动笔,乐于表达""为学生自主写作提供有利条件和广阔空间,减少对学生写作的束缚,鼓励自由表达和有创意的表达"。我们应更多地关注习作者的生命状态和精神自由,追寻儿童五彩缤纷的精神世界。

"1+1"助学方法中前一个"1"已经让学生习得了关于翠鸟外形的写作手法,"+"则为学生能力的迁移搭建桥梁。让学生拓展学习《美丽的丹顶鹤》中描写丹顶鹤外形的语句,并与前一个"1"相融合,总结两者相似的写作手法,使学生真实的学习发生。学生学有所获之后,再用后一个"1"对前一个"1"进行深化和提升。出示另外一种小动物——白头翁的图片,让学生仿写练习,从而对在前一个"1"中学习的方法进行能力的迁移运用和巩固提升。

"1+1习作"读写结合课是教师教与学生学的有机结合。由于在引导学

生观察白头翁时,图片播放过多致使学生有些眼花缭乱,而我做的铺垫不够完美,致使学生的写作潜力没有完全发挥出来。

本节课,我希望自己扮演的角色是学生生命的牧者。学生在课堂上表现得精彩,课堂才精彩,充满生命活力的课堂,才是真正助力学生成长的课堂。

(案例提供:宁 雯 案例指导:李玉玺)

第二节 "1+1篇"阅读整合课

"1+1篇"阅读整合课中,前一个"1"指的是课内的一篇精读课文,后一个"1"指的是与前一个"1"相关联的文本,它可以是课内的文本,也可以是课外的文本,既可以是一整篇的文章,也可以是某篇文本中的部分段落,甚至是某篇文章中的点睛之笔。后一个"1"的内容可以根据学生学段的特点,结合学生学习需要和精读课例特点进行选择。

"1+1篇"阅读整合课有以下几种基本形式:一是学生完整地学完一篇文本后,利用学会的学习方法再拓展学习第二篇文本,这是松散组合型"1+1篇"模式;二是找到两篇课文的融合点,把两篇课文融合到一起学,这是紧密融合型"1+1篇"模式;三是某些文本在表达主题或结构方式等方面极其相似,适合对比学习,这种形式称为对比阅读型"1+1篇"模式。下面分别用课例进行说明。

一、松散组合型"1+1篇"阅读整合课

教学内容:人教版三年级下册语文教材《一个小村庄的故事》和北师版三年级下册语文教材《失踪的森林王国》。

教学思路:

板块一:助学《一个小村庄的故事》,掌握学习方法

(1)抓住课文中小村庄变化前后的两幅图片,品读语言文字。变化之前,指导学生通过抓住关键词"郁郁葱葱""清澈见底""湛

蓝深远""清新甜润",品读课文,积累语言,感受小村庄的美丽。变化之后,指导学生抓住关键词"雨水奇多""没喘气儿""五天五夜""咆哮",有感情地朗读课文,感受小村庄的灾难。

(2)引导学生自主学文,思考究竟是什么原因让一个人间仙境变成了人间地狱。理解含义深刻的句子:什么都没有了——所有靠斧头得到的一切,包括那些锋利的斧头。

助学一:找到课文中描写斧头的句子读一读,思考:变化的原因是否是那些锋利的斧头?

助学二:借助语言训练理解文本。

句子一:谁家想_____,就拎起斧头到山上去,把树木一棵一棵砍下来。

句子二:一年年,一代代……树木变成了_____,变成了_____,变成了_____,甚至变成了_____。

句子三:这一拎村民们拎出了_____,拎出了_____,拎出了_____,也拎出了_____……

句子四:小村庄被咆哮的洪水不知卷到了何处,所有靠斧头的得到的_____没有了,_____没有了,_____没有了,什么都没有了,包括那些锋利的斧头。郁郁葱葱的森林不见了,_____不见了,_____不见了,_____不见了,那个美丽的小村庄再也不见了。

(3)总结是什么让小村庄消失了。

板块二:总结学法,迁移学习《失踪的森林王国》

(1)总结《一个小村庄的故事》的学法:通过关键词语抓住小村庄变化前后的样子,进行对比学文,然后自主学文探究变化的原因。

(2)提出学习要求:请利用我们学到的学习方法,借助助学单,自主学习《失踪的森林王国》,用波浪线画出森林王国原有的景象,用直线画出变化后的灾难景象,用读书批注的方式,写写让森林王国失踪的原因。

（3）学习交流反馈。

（4）对比小村庄的灾难和森林王国的灾难，从而深化主题——造成不同地方相同命运的既不是小村庄的斧头，也不是送来图纸的客人，而是人们的环保意识。

板块三：展开想象编写一个小村庄的人或森林王国的国王环保意识被唤醒后发生的故事

上述课例教学思路清晰，教师借助精读课文《一个小村庄的故事》助力学生在习得语言之时学会学习课文的方法。因两篇课文主题相同、结构相似，学生在习得方法后能成功地进行迁移。后一篇文章不仅起到了让学生学习方法得以巩固、阅读能力得以拓展的作用，同时也更好地深化了学生对文章主题的认识。当学生学完第二篇文章后，他们不再浅层次地认为，使小村庄变化的原因是斧头或者是居民，而是认识到了灾难源于人们的环保意识。主题不讲则明，这就是拓展阅读的功效。从这个课例中，我们清楚地看到，这样的"1+1篇"以文带文的教学，是先引导学生通过学一篇课文掌握学习方法后，再进行另外一篇课文的学习，它属于松散组合型"1+1篇"模式。

二、紧密融合型"1+1篇"阅读整合课

教学内容：人教版六年级上册语文教材《伯牙绝弦》和《月光曲》。

教学思路：

板块一：利用单元导语，提取学习主题

引导学生从本组课文特点出发，感受文本的艺术魅力，学习联想的表达方法。

板块二：知音搭桥，感知课文内容

引导学生通过读文感悟：《伯牙绝弦》中，伯牙所念，钟子期必得之，二人心有灵犀是知音；《月光曲》中盲姑娘懂音乐，透过贝多芬的第二支曲子，仿佛看到了波涛汹涌的大海，他们两个也是

知音。

板块三：抓住联想，做好语用学习

（1）学习《伯牙绝弦》，感悟联想手法的妙用。

（2）根据课文内容，结合人物身份特征展开想象：俞伯牙会想到什么，钟子期会怎么说？仿写训练强化联想的表达方法。

（3）学习《月光曲》时，引导学生抓住联想的句子朗读、讨论，通过再次实践强化联想的表达方法。学生讨论：从联想的句子中，你能读懂谁，或理解到他们怎样的品质？引导学生结合上下文，体会"合理的联想表现了贝多芬演奏的高超艺术和人格的高尚"。

板块四：教师小结联想的表达方法

本课例是"1+1篇"阅读整合课，其显著的特点是以两篇课文的共同之处为学习的出发点进行学文。两篇课文以"知音"搭桥，构建文本内容的学习，以文章共同的表达方式——"联想"展开语用学习。围绕如何更好地学习，让学生进行相互对比学习、课文知识点的迁移学习。学习过程中因学生学习的需要，本课例做到了两篇课文学习内容的相互融合和穿插，是典型的紧密融合型"1+1篇"模式。

三、对比阅读型"1+1篇"阅读整合课

在教学中我们经常会遇到这样的一些文章，它们体裁相同，文章的立意、篇章结构和语言表达方式具有相同点，但也各有风格，甚至还会遇到不同作家描写同一事物的文章，如人教版四年级上册语文教材中"作家笔下的动物"一组，编排了丰子恺先生的《白鹅》和俄国作家叶·诺索夫的《白公鹅》两篇文章。在教学中，将这种类型的两篇课文采用"1+1篇"对比阅读法进行教学，会取得"事半功倍"的效果，无论是对学生阅读能力的培养，还是对学生表达能力的提高，都会起到非常好的效果。

师：丰子恺、叶·诺索夫两位作家把鹅当成人来写，一个称之为"鹅老爷"，一个称之为"海军上将"。从称呼上，他们把两只鹅有

派头、高傲的特征十分形象地展现在我们面前。接下来,我们来看看这两篇文章分别选取了哪些事例表现鹅的派头。

(生默读课文后,同桌讨论两分钟。)

师:让我们看看白鹅做什么事,让我们觉得它有"老爷"派头。

生:白鹅吃饭最有老爷派。

师:请你读给大家听。

生:这样从容不迫地吃饭,必须有一个人在旁侍候,像饭馆里的堂倌一样。

(师再引导个别生读,齐读。)

师:哪个词最能体现白鹅的老爷做派?

生:丰子恺喂鹅时得站在鹅的身旁,就像堂倌侍候老爷一样。

师:看来这只白鹅的确有着老爷的派头。要是堂倌伺候不好,"鹅老爷"还要老爷脾气呢!同学们看看文中怎么写的。

(预设学生回答困难,提示:饭被偷吃时"鹅老爷"会怎样?吃不饱时呢?)

生:当"鹅老爷"发现饭被狗偷吃了,它会厉声叫骂。

师:还有哪一处?

(师提示:当鹅发现饭罐已经空空如也,它会怎样?)

生:鹅便昂首大叫,似乎责备人们供养不周。这时我们便替它添饭,并且站着侍候。

师:堂倌这么点事都做不好,真得挨罚!"鹅老爷"耍起脾气真不好惹啊!白鹅吃饭除了让人侍候,吃法也很讲究,它怎么吃呢?

生:它"三眼一板"地吃饭。

师:读给大家听。

生:它需要三样东西下饭:一样是水,一样是泥,一样是草。先吃一口冷饭,再喝一口水,然后再到别处去吃一口泥和草。

(男女生分组,对比朗读。)

师:作者这么写,让你感受到白鹅吃饭有什么特点?

生：白鹅吃饭特讲究。

师：这些水啊，泥啊，草啊，少一样行吗？

生：不行。

师：先后顺序能变吗？

生：不能。

师：这就叫"三眼一板"，看来"鹅老爷"吃饭有排场，很讲究啊，摆足了老爷的架子。

师："海军上将"听咱们这么说肯定不服气，我们大家看看叶·诺索夫笔下的白公鹅是怎么吃的。

生：偷吃鱼饵（抢着吃）。

师：读给大家听。

生：有多少次，它径直把我罐头筒里的鱼饵咽进了肚里，有时还拖走挂着鱼饵的吊绳。干这种勾当它从不偷偷摸摸，总是从从容容、不紧不慢的，因为它自认为是这条河的主宰。

师：刚才这位同学说偷吃，你们同意吗？

生：不同意，是抢着吃。

师：它的"抢"是否等同于一般的抢？

生：它不是偷偷摸摸的，而是从从容容、不紧不慢的，像吃自己的东西一样。

师：说白公鹅"干这种勾当"是一种谴责，看上去，作者像在诉说自己的不幸遭遇，似乎对白鹅恨得咬牙切齿，但后半句"从从容容、不紧不慢"，又是一种暗暗的表扬，鹅的"缺点"也就成了作者所要赞美的优点。这样的写法我们称它为"反语"，反语是我们表达意见的另一种方式。生活中你体会过反语的力量吗？谁能说一说？

（生列举实例。）

师：白公鹅吃别人的鱼饵，为什么像吃自己的东西一样？文中有一句话告诉我们答案了。

生：因为它自认为是这条河的主宰。

师：主宰就是？

生：这条河的主人,这条河的一切都属于它,它掌握着整条河。

师：白公鹅大概认为这个世界上所有的东西都属于它。"海军上将"怎么不像"鹅老爷"那样"三眼一板"让人侍候吃饭,而要抢着吃呢？

生：因为它是一名军人,它想显示它那军人的威风,它喜欢用武力解决问题。

师：换句话说,让"鹅老爷"抢着吃行吗？

生：不行。

师：为什么？

生1：因为如果白鹅像"海军上将"那样吃饭,就不能称它为"鹅老爷"了。

生2：如果白公鹅像"鹅老爷"那样吃饭,就不能称它为"海军上将"了。

师：同样的事物,在不同人眼中会有不同的特点,因为他们对同样的事物会有不同的看法和态度,而且作者会用各自独特的语言来表现不同的看法和态度。如果两个人笔下的白鹅,都是"鹅老爷"或者都是"海军上将",会怎样？

生：只能有一个人的作品流传于世……

通过品读描写两只鹅吃相的具体语言,对比白鹅"架子十足"和白公鹅"主宰一切"的吃相特点,让我们感受到写同一种事物时,不同的环境、不同的作家会让我们感受不同的风格。这两篇文章的相同之处都在于运用拟人、反语的语言形式,表达对鹅的喜爱。学生在对比中,体会到了不同的语言风格,从而丰富了语言积累。从整体上比较两篇文章,因为国家文化背景不同,中国作家丰子恺与俄国作家叶·诺索夫以不同的笔触,分别塑造了白鹅身份高贵的"鹅老爷"和白公鹅威武的"海军上将"的形象,使两只鹅的形象变得鲜活。它们都是"傲",但白鹅是自命清高的"傲",白公鹅是桀骜不驯的"傲"。

不同作家描写同一种事物的文章的确不多见,利用对比阅读的方式处理这样的文章显然有非常好的效果。其实可以使用"1+1篇"对比阅读的文章还有很多。比如,苏教版六年级下册语文教材第六组课文中安排了《广玉兰》和《夹竹桃》两篇课文,这两篇课文都是借物抒情类散文,这样的文章就可以采用这种方法教学。

从文章主题来看,《广玉兰》表达了作者对广玉兰的幽香、纯洁和旺盛生命力的喜爱;《夹竹桃》中作者表达的是对夹竹桃的韧性及引起的幻想的喜爱。从文章结构来看,它们都是"总分总"的结构方式。从语言表达来看,《广玉兰》主要采用直接描写的方法,抓住事物的特点进行描写,语言优美,用词准确生动,比喻贴切;《夹竹桃》则主要采用想象、联想、对比和衬托的表达方法,语言集中体现了作者"质朴而不失典雅,率真而不乏睿智"的散文风格。

教学中可以指导学生从文章主题、文章结构和语言表达三方面展开对比阅读,让学生更加深刻地把握文章的结构,揣摩文章语言表达的魅力,领悟文章的思想感情。在对比阅读后,让学生迁移运用习得的语文知识和能力,进行语言实践,仿写借物抒情的文章。

"1+1篇"阅读整合课是最常用,也是最利于学生能力迁移的一种课型,这种课型的设计关键点在于找准两篇课文的整合点,搭建好学生能力迁移的桥梁。

案例一:

落实语用目标　优选教学内容
——《惊弓之鸟》教学设计

【组文说明】

《惊弓之鸟》是人教版三年级下册语文教材第三组中的一篇课文,该文是一篇语言生动、形象鲜明的成语故事。课文中人物形象是以人物对话的方式呈现出来的,所以分角色朗读理应成为学习的方式。在这篇课文的教学中,引导学生抓住关键词句,理解课文内容,学会因果推理的表达方式是教学的重点。

《争论的故事》是苏教版三年级下册语文教材第八单元中的一个篇课文,该文以对话的形式推进故事发展。这一特点是组文的一个切入点,另外,通过一个事例来说明一个道理同样也是这两篇课文的共同点。基于"认知—实践—迁移"的学习思路我组合了这两篇课文。

【设计理念】

"立足语用制订教学目标,教学过程落实目标不虚华,把握年段目标不错位,围绕教学目标优选教学内容,这是当前上好小学语文课的关键所在。"特级教师孙传文对当前的语文教学提出了自己的思考。

当前,语文教学质量低下的一个主要原因就是指向内容教学的分量重,而语文本体性的语用教学落实不到位。在本课的教学设计中,我努力实现围绕语用设定教学目标,根据教学目标优选教学内容,让学生经历真实的学习过程,并让学生在"认知—实践—迁移"中学到知识,掌握方法,提升语文素养。

【助学目标】

1. 学习分角色朗读课文的方法,指导学生分角色朗读课文。

2. 学习抓住课文关键词语,理解课文内容的方法。

3. 利用课文最后一段,学习因果表达的方式,体会语言表达的严密逻辑性,适时进行迁移运用。

【助学过程】

板块一:检查预习,了解学情,整体把握课文内容

(一)词语检查

1. 惊弓之鸟

师:同学们,我们已经预习了课文,课文中的词语你们掌握了吗?我们试着写几个,第一个,惊弓之鸟。

师:"惊"这个字带有竖心旁,说明它肯定和人物的心理有关系,你能用"惊"组几个词吗?

生:惊吓、惊恐、吃惊……

(师板书词语。)

师:通过组词,"惊弓之鸟"的意思你理解了吗?

生1:害怕弓箭的鸟。

生2:受到弓箭惊吓的鸟。

2. 大吃一惊

师:第二个词语,大吃一惊。

(生书写。)

师:课文中谁对什么事大吃一惊?

生:魏王对更羸不用箭只拉一下弓就能射下大雁这件事大吃一惊。

师:这也是课文的主要内容。同学们,像这样的故事性文章,只要说清楚谁做了什么事就把课文的主要内容概括出来了。这也是一种概括故事性文章主要内容的好方法。

3. 悲惨

师:第三个词语,悲惨,注意"惨"字中三撇的写法。你见过生活中你认为悲惨的事情吗?

生:马路上出现的车祸。

师:的确是,因此我们一定得注意安全。另外,课文中谁是悲惨的?

生:大雁是悲惨的。

师:大雁惨在何处?

生1:受过箭伤。

生2:孤单失群。

生3:惨在被吓死。

师:真棒,你们读懂了课文,还理解了这个成语的意思。

(二)指导联系上下文理解词语

师:下一个词语,孤单失群。"孤单失群"这个词语出现在一个句子中,请你把这个句子读一下。

（生读句子。）

师：你怎样理解"孤单失群"这个词语？

生：就是孤孤单单。大雁本来是成群的，只剩一只就是孤单失群。

师：课文中就有一句是写那只孤单失群的大雁的，你能找到这个句子吗？

生：一只大雁从远处慢慢飞来，边飞边鸣。

师：一只大雁显然就是孤单的。我们理解一个词语时，可以结合上下文出现的句子，这种理解词语的方法叫联系上下文法，它是我们三年级学生应该掌握的一种方法。你能用这种方法看看能否理解这句话中的两个"直"吗？

（多媒体出示句子：只听得嘣的一声响，那只大雁直往上飞，拍了两下翅膀，忽然从半空里直掉下来。）

师：找找看课文里面有没有写大雁听到弓箭响声向上飞的句子。

生：它一听到弦响，心里很害怕，就拼命往高处飞。

师：通过联系这个句子你知道第一个"直"是什么意思了吗？

生：第一个"直"就是拼命往高处飞，使劲往高处飞的意思。

师：第二个"直"我们在这句子中理解的意思就是——

生：垂直，直直的。

师：我们理解词语的意思既需要联系上下文，又需要结合具体的语言环境。

板块二：学习分角色朗读课文的方法，指导学生分角色朗读课文

（一）默读课文，标画人物对话的语句

师：同学们，读了这篇课文后你发现它的特点了吗？

生：文章中人物的对话特别多。

师：请大家默读课文，用不同的符号标画出课文中人物的对话，在人物对话旁边标一标他们会用什么样的语气说这句话。

（生默读课文批注学习。）

（二）指导朗读魏王的话

师：同学们，在这两个人物的对话中你们认为谁的话容易读好，为什么？

生：魏王的，因为他的话很少。

师：除了魏王的话少，容易读好之外，你有没有发现什么话，可以帮助你体会说话时人物的语气呢？

生：魏王说的话前面有"信不过自己的耳朵""大吃一惊""更加奇怪"这样的词语，我们一下子就可以体会到魏王说话的语气。

师：那你能试着读一读魏王的话吗？

（生有感情地朗读魏王的话。）

师：同学们，这位同学能够把魏王的话读得有声有色，其实是因为他掌握了一种方法，就是充分运用人物说话时的提示语。这是体会人物心情，读好人物对话的一种好方法。

（三）指导朗读更羸的话

师：同学们，你们再看更羸的话。他说的话前面没有那样的提示语，这样的对话怎么读好呢？

（生沉默不语。）

师：老师告诉大家一个小秘诀，人物说的话比较少，从他简短的话中难以体会到人物的内心，这时有必要用提示语。如果人物说的话较多，从他说的话中就能体会到人物的心情，那就没必要用提示语。

生：我明白了，读更羸说的话时可以体会他的想法和说话的语气。

师：请你试着读读更羸说的第一句话。

（生读第一句，更羸肯定的语气表达得不够充分。）

师：想想从更羸说的话中抓住哪一个词语就能体会他说话的语气。

生："就能"这个词语可以看出更羸说话时很肯定。

师：那你来读读试一试。

（生读文，表现出更羸自信肯定的语气。）

师：那这句话又能体现出更羸怎样的语气呢？

（课件出示句子：请让我试一下。）

生：从"请"这个字可以看出更羸比较谦虚。

（生读句子。）

师：从"更羸笑笑说"，你又体会到了什么？

生1：更羸非常自信。

生2：更羸对自己的预测成真感到非常满意。

师：请你想象更羸的这种心理，把句子读出来。

（生有感情地读句子。）

师：更羸的话没有提示语，我们是怎么做到把句子读得有感情的，你明白了吗？

生：我们抓住人物说的话中关键的词语，展开想象，体会人物心理，这样就把人物的感情读出来了。

师：我们今天学会了朗读人物对话的方法，一是可以利用提示语，二是通过抓关键词语体会人物心理。

（四）指导朗读人物对话

师：请同学们试着在小组内用刚才学到的方法分角色读读课文。

课件出示带有提示语的对话：

更羸仔细看了看，指着大雁对魏王（胸有成竹地）说："大王，我不用箭，只要拉一下弓，这只大雁就能掉下来。"

魏王疑惑地问："是吗？你有这样的本事？"

更羸（谦虚地）说："请让我试一下。"

（更羸并不取箭，他左手拿弓，右手拉弦，只听得嘣的一声响，那只大雁直往上飞，拍了两下翅膀，忽然从半空里直掉下来。）

"啊！"魏王看了，大吃一惊，"真有这样的本事！"

更羸笑笑（自信地）说："不是我的本事大，是因为我知道，这是一只受过箭伤的鸟。"

魏王更加奇怪了，问："你怎么知道的？"

更羸（肯定地）说："它飞得慢，叫的声音很悲惨。飞得慢，因为

它受过箭伤,伤口没有愈合,还在作痛;叫得悲惨,因为它离开同
伴,孤单失群,得不到帮助。它一听到弦响,心里很害怕,就拼命往
高处飞。它一使劲,伤口又裂开了,就掉了下来。"

(学生小组内练习分角色朗读。)

师:我们请两位同学来读读看。

(课件只出示人物对话内容,师读旁白,学生分角色表演朗读课文。学
生朗读感情到位,赢得掌声。)

板块三:学习最后一段,学习因果表达的方式

(一)体会更羸的人物特点

师:通过刚才的朗读,更羸给你留下了什么样的印象?

生1:非常聪明。

生2:他对事物观察得很仔细。

生3:他能够认真思考。

生4:更羸会推理判断。

生5:更羸经验很丰富,不愧是有名的射箭能手。

(二)引读课文,体会表达,进一步理解人物特点

师:更羸是古时候魏国有名的射箭能手。不是一般的射箭之人都能
称得上是能手,更羸称得上是射箭能手,是因为他通过观察发现那只大
雁——

(指一名学生配乐读:它飞得慢,叫的……就掉了下来。)

师:不是一般的射箭能手都能称得上是有名的射箭能手,更羸称得上
是有名的射箭能手,是因为他通过思考得知那只大雁——

(指一名学生配乐读:它飞得慢,叫的……就掉了下来。)

师:不是一般的射箭能手都能跟随国王打猎,更羸能获此殊荣,是因为
他靠丰富的经验准确地判断出那只大雁——

(全班齐读:它飞得慢,叫的……就掉了下来。)

（三）体会本段的语言表达

师：通过这段话我读明白了（课件出示句子）——因为那只大雁受过箭伤，所以它飞得慢，叫的声音很悲惨。

师：你读懂了什么？请你试着用"因为……所以……"补充完整下面的句子。

生1：因为那只大雁受过箭伤，伤口没有愈合，还在作痛，所以飞得慢。

生2：因为那只大雁离开同伴，孤单失群，得不到帮助，所以叫的声音很悲惨。

生3：因为那只大雁一听到弦响，心里很害怕，所以就拼命往高处飞。

生4：因为那只大雁一使劲，伤口又裂开了，所以就掉了下来。

师：同学们读明白了更羸的话。我们刚才用了这样五个"因为……所以……"的句子，既说明白了更羸的判断，同时又懂得了更羸是怎样一步步推理的。请大家想想，我把课文这样改写可否？

（课件出示：因为那只大雁受过箭伤，所以它飞得慢，叫的声音很悲惨。因为那只大雁受过箭伤，伤口没有愈合，还在作痛，所以飞得慢。因为那只大雁离开同伴，孤单失群，得不到帮助，所以叫的声音很悲惨。因为那只大雁一听到弦响，心里很害怕，所以就拼命往高处飞。因为那只大雁一使劲，伤口又裂开了，所以就掉了下来。）

（生朗读，体会。）

师：你再读读课文原文，并和改写的这一段比较一下，谈谈你的感受。

生：改写的这一段太啰唆。

师：你怎么体会到的？

生1：这一段中用了五个"因为……所以……"，显得太重复。

生2：再一个重复的地方就是五个句式完全一样，都是先说原因再说结果。

师：你们说得太好了，因果关系的句子，需要重点强调原因的时候，就把原因放在前面；如果要突出结果，就需要把结果放在前面。原文就是这样的。

板块四:迁移运用

(课件出示《争论的故事》图片。)

师:同学们仔细看图猜猜这两个人在说什么。

生1:他们可能在想吃大雁。

生2:他们可能在争执怎么吃大雁才好吃。

师:那我找两位同学说一说。

生1:我喜欢把大雁炖着吃。

生2:我喜欢把大雁烤着吃,炖着没味道。

生1:炖着吃既可以吃肉,又可以喝汤。

生2:煮熟的大雁没有烤的香,烤熟的大雁吃着特别香。

师:这两位同学表演得比较好,可是我们如果把这样的场面写下来,怎么把人物写得生动呢?

生:有的话前面需要加上人物说话时的表情或动作。

师:这就是我们这节课中学到的提示语。

生:争论时可以用上"因为……所以……"的句式,这样说出的话更有说服力。

师:课下同学们可以先自己试着写一写,然后读一读老师推荐给你们的课外阅读文章——《争论的故事》。

【助学反思】

还原课堂语文的味道

一、教给学生方法比教给学生知识更重要

在第一板块的教学中教师为学生梳理了较多的学习方法,充分体现了"授之以鱼,不如授之以渔"的课堂教学效果。教师抓住"惊",利用扩词的方法帮助学生理解了字义,并顺势理解了"惊弓之鸟"的意思;巧妙地利用词语"大吃一惊"提出"课文中谁对什么事大吃一惊"这样一个问题,指导学

生概括课文主要内容;借助"孤单失群"一词的理解教给了学生联系上下文理解词语的方法,学生学到方法后及时迁移运用,理解了两个"直"的意思。这一环节设计精巧而有实效,年段目标把握准确。三年级,教师既要教给学生理解课文主要内容的方法,又要教给学生理解词语的方法。

二、准确把握年段教学目标

语文课程标准关于各学段朗读的目标中都提出了"有感情地朗读"的要求,其实,这一目标应该分年段而含有不同的含义。在本课教学中,我将分角色朗读课文作为教学目标之一,体现了该学段有感情地朗读的具体内涵:要通过朗读品味语言,抓住关键词语理解意思,展开想象体会人物感情,学会使用恰当的语气、语调进行朗读,表现自己对文本及作品感情的理解。这一环节的教学引导学生掌握通过提示语和抓关键词语理解人物感情的方法,既达成了有感情、分角色朗读课文的教学目标,同时又让学生学会了体会文中关键词句表情达意的作用。这一教学环节的教学策略让教学目标落实得扎实而有效。

三、语言文字学习是语文课堂的核心

语文之所以成为一门独立的学科,正是因为它是一门学习语言文字运用的学科。因此,语用是语文的生命力所在。在处理更羸最后一段话时,"哪些是更羸看到的,哪些是他想到的,他是如何推理的"这些问题是指向教学内容理解的。内容的理解是基础,是学习语言的前提,语文的学习绝不能就此止步,更不能围绕理解内容而大做文章。理解是为学习语用做铺垫的,最终的指向应该是语言文字的表达。在第四板块的教学中我运用"因为……所以……"的句式引导学生理解了文本,顺势将教学引向了体会语言表达这样的语用教学环节,体现了语文教学的本色。

四、适时适当的迁移是学好语文的保障

吴忠豪教授提出"认知—实践—迁移"的语文教学思路,这样的教学思路是具有时效性的,也是解决当前语文教学低效的一个重要策略。在第四

板块的教学中较好地体现了这样的教学思路。在学生学有所得后,我马上为学生的学习搭建迁移的桥梁,让他们进行巩固练习,这样的学习扎实有效,促进了学生真实学习的发生。

（案例提供：李玉玺）

案例二：

细致观察　真情表达
——"动物描写一组"教学设计

【组文说明】

本组围绕"观察中的发现"选编了四篇文章,通过"花钟"的创意由来、法布尔做"蜜蜂找家"的试验、列文虎克玩镜片玩出了大名堂以及老人根据自己的发现判断商人走失骆驼的特点这四个具体事例,说明"细致观察才会有所发现"的道理,给予学生生活和学习的启示,鼓励学生在生活中要注意观察。有了这四个具体事例的启发,学生就能明白细致观察的重要性。但落实到生活中,要怎样细致地观察、观察什么事物,教师还需要帮助学生找到可供观察的视角。我想,只有找到学生有观察兴趣的事物,才会有最大化的发现。为了落实观察,学生连续一周观察了发豆芽的过程,并在观察记录中写出了自己的观察所得和做法、想法、看法。为了更好地观察,我们又将观察视角聚焦到身边的小动物身上。对于小动物,学生应该怎么观察？观察小动物的什么？观察到了怎样用语言描写出来？教材是最好的例子,我们要向范例学习描写动物的方法。于是,在学完本组课文之后,我组合了四篇描写动物的文章让学生阅读,即《金蝉脱壳》《山雀》《小虾》和《蜗牛》。

【设计理念】

通过阅读对比,我发现后两篇文章在表达上有共同的写作特点,比如：这两篇文章表达的内容都是作者细致观察后的发现；在写发现的时候都发表了自己对这种小动物的看法,运用了边写边议的方法;构思上都运用了"围绕一句话用具体事例来描写"的方式,且都有首尾呼应的写法;在介绍小动物活动特点时,还运用了表示顺序的词,将小动物的连续动作进行了细致的刻画。两篇文章在表达的时候有不同之处,如《蜗牛》一文的作者用上了《山雀》一文最大的写作特色——根据动物的动作来猜测小动物的语言,《小虾》一文的作者还抓住特点分类写出了两种虾的外形。

既然两篇课文在写法上有共同之处,又各自运用到了一些不同的写法,那么在教学这一组文章时,可以精读一篇、略读一篇。于是,在精读《小虾》一文时,边学边引导学生领悟作者描写动物的方法,再总结写法,迁移学习《蜗牛》一文,让学生抓住它们写法上的共同之处,强化这些比较常见的描写动物的方法。"求同"之后可以再"求异",对比两篇文章来学习,发散学生的思维,让学生发现作者在写法上不同的地方,追求表达的多样性。

【助学目标】

1. 正确、流利、有感情地朗读课文。

2. 了解课文内容,使学生通过阅读文字了解小虾、蜗牛的特点,体会作者对这两种小动物的看法和喜爱之情。

3. 能抓住中心句来理解一段话,体会一段话是如何写具体的和作者是怎样细致观察并描写小动物特点的。初步领悟文章首尾呼应的写法。

4. 激发学生细致观察小动物的兴趣,教育学生要懂得爱护小动物。

【助学过程】

板块一:设疑导入

师:同学们,昨天安排大家预习了两篇课文,分别是《小虾》和《蜗牛》。这两篇文章都是描写动物的,我们先来学习《小虾》。假如让你养一群虾来观察,你想观察小虾的什么?你想观察的这些内容,作者有没有写到呢?我们来读读看。

板块二：精读《小虾》，领悟描写动物的方法

师：人们都说好文章，三分写七分读，就是说，读得好了会为文章增添光彩。哪位同学想通过你的朗读让大家感受到这是一篇好文章呢？

（师请生接读各段。）

师：你们想到的内容，作家写到了多少？每个人观察的内容不同，所以写出的文章也会不同。

师：作者先写了小虾的什么？咱们来读读，看作者是怎么写外形的。

生：分类抓特点。

师：分类是按什么分的？（才长大的、老的）又是怎样写特点的？

师：比喻的好处是很形象，本来我们不知道通体透明是什么样子，可一拿我们熟悉的玻璃打比方，我们就清楚了。

师：老的也是先说全身的特点——"稍带点灰黑色"，再写身体局部的特点——"甚至背上、尾巴上还积着泥，长着青苔"。瞧瞧，作者连小虾背上、尾巴上的泥和青苔都写出来了，透过文字看现象，可见作者的观察是多么细致。

师：作者写了小虾的外形，接着写了小虾的什么？请你读读第三段，找出能概括全段内容的一句话，并看看这句话和这一段有什么关系。

师：是啊，光说它有趣，别人怎么知道哪里有趣呢，得用事实说话，用具体事例证明它的有趣才可以：

小虾吃东西非常有趣。我和阿成哥想看看小虾是怎么吃东西的，就扔下一粒面包渣，就看到小虾……

看到小虾是这样吃面包渣的，我和阿成哥又撒下一粒馒头碎屑，就看到小虾……

看到小虾是这样吃馒头碎屑的，我和阿成哥又扔下一根水草，就看到小虾……

师：不管吃什么东西，小虾总是这样小心地吃，作者用了"总是"这个词，透过文字看现象，说明作者观察得多么细致啊。

师：作者在写小虾时还用了一些表示顺序的词语，请找出来。这些表

示顺序的词语连接的都是小虾吃食物时的连续动作,请同学们想一想这样写的好处是什么。我们要学习作者用表示顺序的词语来写连续动作的方法。透过文字看现象,说明——作者观察得多么细致啊。

吃饱了的小虾也很有趣哦:吃饱了,它们有的愿意游的就……有的愿意追逐的就去……有的愿意休息的就去……作者连用了三个"有的",具体写出了小虾的自在。

师:看到小虾这样小心地吃东西,吃饱了又这样自在,你觉得小虾怎么样?怪不得作者观察到这些后,忍不住一开始就和我们说小虾真有趣! 文中的"我"发现了这件有趣的事,就忍不住告诉邻居阿成哥了……阿成哥知道了这件事,又忍不住告诉邻居XX了……

师:你瞧,这段的写法真有趣! 先用一个总起句总说小虾有趣,再用小虾吃东西这件具体事例来说明小虾的有趣。在写它吃东西时还用上了表示顺序的词语连接小虾的连续动作,让我们有条理地感受到小虾吃东西的小心。

师:请同学们自读第四段,看看这段的写法和第三段有什么相同的地方。

师:可不能随便说某人脾气不好,得拿出证据来。找出能看出小虾脾气不好的地方。

看到小虾脚末端的那副钳子一张一张的,胡须……你忍不住对阿成哥说……

看到小虾不停地舞动着……你忍不住对邻居XX说……

师:作者还写了小虾的什么? 自己读读看。

现在请同学们聚焦文章的开头和结尾,看看开头和结尾都写到了什么事物。

生:一口缸。

师:这些事物和作者观察小虾并写下这篇文章有没有关系?

(师引导:作者用与小虾密切相关的水缸来连接开头和结尾,让文章从用水缸养虾开始,中间写作者对水缸里的小虾的观察收获,最后又以水缸里的小虾产卵生出小虾结束,让文章开头和结尾互相呼应,使全文完整。这种写法叫首尾呼应法。)

师:我们以后在写作文时就可以采用这种首尾呼应的写法,让文章显得更加自然、完整。

板块三:习得方法,迁移学习《蜗牛》

(1)让学生自学《蜗牛》这一课,看看作者主要写了蜗牛的什么特点。对比《小虾》这一课,看看两篇文章有没有相同的写法。

(2)汇报学习所得,教师适时点拨助学。

板块四:练笔

请你细心地观察一种小动物,看能不能把你的观察所得写下来。争取用自己学到的描写动物的方法来写。

【助学反思】

用好文本这一范例

叶圣陶先生说过,"教材无非是个例子。"这句话强调了语文教材的工具性,我们要通过教材这一范例的学习,帮助学生学会用语言文字来表达内容。

三年级作为第二学段的起始阶段,新课程标准对习作的一项具体要求是"观察周围世界,能不拘形式地写下自己的见闻、感受和想象,注意把自己觉得新奇有趣或印象最深、最受感动的内容写清楚"。"不拘形式"这一要求其实是鼓励学生表达的创意性,不要被固定的写作模式所禁锢,我们可以理解为鼓励学生表达时不要拘泥于常见作文的既定形式。而新课程标准提出的总体目标中有"能根据需要,运用常见的表达方式写作,发展书面语言运用能力"。这里又提到"常见的表达方式",其实这两种提法并不是矛盾的,而是要求我们教师充分以教材为例子,让学生明确常见的表达方式,引导学生领悟范例文章所运用的表达方式,但又不死板地拘泥于每一篇范例文章所提供的表达方式,要鼓励学生根据自己表达的需要有创意地表达。

人教版语文教材在编排时都是以主题形式选编文章的,编者的意图非常明显,即同样的主题,不同的作者表达的方式是不同的,教材提供了四篇课文,针对不同的内容用不同的表达方式来表达作者对这一主题的认识。这就要求我们语文教师要善于用教材教,让学生明白教材给了不同表达方式的范例,学生可以根据自己的需要任意选用学到的写作方法来表达自己想要表达的内容,当然也可以从范例中受到启示,自己用新的创意来表达。

在学习"观察中的发现"这一单元时,我引导学生从"观察与发现"这一角度,在阅读中学习作者是怎么观察、怎么发现的,又是怎么将自己的观察经历和发现过程写清楚、写具体、使人印象深刻的。用这三个问题贯穿学生的学文过程,我发现学生对于课文中每个观察与发现的故事都有了较深刻的认识。

学习了这几篇范例后,还要让学生学以致用。具体落实到学生的观察实践上,我让学生连续七天亲自观察发豆芽的过程,并将发现写在观察日记中。我每天阅读学生的观察日记,将那些善于观察、有所发现的记录在班内分享交流,评价的标准就是看谁最善于用语言文字表达出自己是如何观察、如何发现的。通过观察日记这一形式,让学生亲历观察与发现这一行为,收到了较好的效果。

学完本单元的四篇文章后,我们备课组又在集体备课时统一了教学思想——要拓展四篇描写动物的文章来继续学习怎样用语言文字表达"观察中的发现"。

在《金蝉脱壳》这篇课文的学习中,学生领悟到了作者细致观察后的发现,并按照"脱壳前""脱壳中""脱壳后"的顺序,描写了金蝉脱壳这一"神奇有趣""奇特动人"的景象。作者细致描写了这一过程中蝉虫的活动及伴随的外形变化,且在文中合乎时宜地写出了自己的观察感受,边写边议的写法也给学生一些有益的写作启示。在《山雀》一文中,学生学到的却是另一种描写动物的表达方法——根据动物的叫声和动作来猜测动物的语言,这样的写法也给学生一些写作上的启示。但这两篇文章都不是一般情况下对一种动物的描写刻画,因为很少有学生有机会去观察金蝉脱壳的过程,也很少有学生能走到树林里去观察山雀这种鸟。而《小虾》和《蜗牛》这两篇文章更有教学的普遍意义,因为学生在生活中基本都能做到这样的事情:捉几只虾看看、逮几只蜗牛瞧瞧。所以这两篇文章的学习可以更好地发挥例子的作用,让学生从文章中学习作者是怎么观察的、怎么用语言来表达出自己的发现的。基于这样的备课思考,我将两篇课文整合在一起,作为"动物描写一组"来指导学生学习。

课堂教学实施中,有预设环节的正常发挥和生成内容的教学处理,当然也有因自身备课不充分导致的一些教学欠缺。因为课前有了充分的预学,学生针对《小虾》和《蜗牛》这两篇文章基本扫清了阅读障碍,课堂上我就省去了识字熟读的环节,直接让学生带着问题学习课文:假如让你养一群虾来观察,你想观察小虾的什么? 你想观察的这些内容,作者有没有写到呢? 这两个问题其实是指向课文内容的,是让学生自己梳理《小虾》一文所描写的观察内容。于是按照观察的顺序,先学习作者描写小虾外形的句子。

描写外形其实并不是简单的事情,三年级学生有时还不知道要描写外形的什么特点,还不清楚需要按什么顺序来描写外形。文中描写小虾外形的句子正好给学生一个外形描写的范例:不需要把小动物的所有部位都介绍全面,只需要抓住动物外形上最有特点的部位来写就可以了。于是,课堂上我引导学生思辨:作者连小虾头、胸、腹部等部位有什么、分别是什么样子都没写,这位作者真不会观察。用这样的话题引发学生对"作者只对小虾外形描写"进行讨论。最终,学生领悟到了并不是观察一种小动物就非得写这种小动物的外形,写动物外形要写别人没关注到的特点,要抓住外形上"与众不同"之处来描写,这样才会给读者留下深刻的印象。

学完写动物外形的句子,接着我引导学生继续读文,找出下一段中能概括全段的一句话,并思考这句话和这一段的关系。其实,文章的第三、四段作者都用到了总起句,先总的来介绍小虾的特点,再用具体事例来说明小虾所具有的这一特点。这两段总起句的写法也有共同特点,都是作者观察小虾的活动后,用一句表达自己感受的句子来总说的。

比如第三段说它"有趣"是作者根据自己看到的小虾吃食物和吃饱后的活动,自己感受到的,这是作者对小虾"吃食"这一活动所产生的看法。第四段说它"脾气不好"同样表达出了作者在看到小虾活动后的感受。这样的总起句带着作者鲜明的观点,这种写法就把作者观察到的具体情况和自己的思想情感结合在一起了,是需要学生领悟的写法。

学生在以往习作中常常出现写不具体的情况,他们虽然能在作文中写出自己的看法和感受,但在提出自己的看法和感受后却不能用"事实说话",而举不出例子内容就显得有些空洞了。我想,范文的作用应该让学生体会到不光要领悟作者是怎样写的,还要知道为什么这样写,只有真正领悟作者的写作意图才会明白写作到底是怎么回事。

这篇文章的开头和结尾显然用了"首尾呼应"的写法,这节课预设的教学目标只是初步领悟这种写法。在学生习作中,我早就发现了他们对写作的畏难情绪,也发现了学生作文结尾结得不完整或不会结尾的现象。三年级习作以段的训练为主,可实际习作中对于一篇文章的完整性还是有要求的。于是,借助《小虾》这一课"首尾呼应"的写法,让学生初步感知这样开头和结尾的好处,可以给学生一些好的启示。

"首尾呼应"的写法看似有些难,但其实并不难理解——开头由"熟悉的事物"引起,结尾又由这"熟悉的事物"引发,而这"熟悉的事物"是与作者想要表达的内容有密切联系的。当然,靠学生自己去领悟这些,需要给学生更多的思考时间。这堂课上,主要由教师引领学生学习这种写法,教师的讲述的确多了些。如果课堂上多给学生一点时间,学生应该就能发现某些事物的联系,接着再由教师揭示"首尾呼应"这种写法,会让学生有更深刻的认识。

这次两篇课文整合在一起学习,仅四十分钟的教学时间显然是不够的,教学节奏明显前松后紧。后面《蜗牛》一文的学习,本来想让学生对比

《小虾》自主学习作者观察了蜗牛的什么、用了什么方法写自己的发现,但为了节约时间,还是由我抛出问题,学生思考作答。

比如让学生思考:《蜗牛》这一篇文章为什么没有专门的外形描写?两篇文章都用了什么共同的写法?同样是围绕一句话来具体写动物特点,两篇文章在总说动物特点时有什么不一样?设计了这样几个问题之后,留给学生朗读的时间少了、推敲用词的时间少了,直接指向写作方法的讨论多了,使得学生的学习过程被压缩了。

教学需要慢下来,让学生的学习真正发生。我想,再重新设计这一组文章的学习时,我会给予学生更多的时间,更加注重学生的自读自悟,因为只有自己发现的才是最可贵的。

(案例提供:张卫艳)

案例三:

走进秋天
——《秋天的雨》《北大荒的秋天》阅读整合课

【组文说明】

人教版三年级上册语文教材第三组是以"心中的秋天"为主题选编的一组课文。秋天是美丽的季节,秋天是丰收的季节,秋天给人带来美的感受,秋天给人以丰收的快乐。本组课文以秋天为专题,从多角度描写秋天的图景,有的表达了在秋天里人们对家乡、对亲人的怀念,有的记叙了孩子们在秋天里活动的欢乐,有的描写了秋天美好的景色。

《秋天的雨》一文中,作者用散文的笔触从感觉、颜色、味道、动物的生活习性几方面,为我们描绘出了秋雨中大地的多姿与事物的变化。课文洋溢着童真、童趣,有利于启迪学生的智慧,激发想象,更有利于教师创造性地理解和使用教材,引导学生在实践中学会学习,让他们获得真实的情感体验,感受到秋雨的可爱、秋天的美好。在语言表达方面,课文层次分明,思路清晰。前四个自然段分述,最后一个自然段概括总结秋雨;前四个自然段每一段的第一句话又是这一段的总启,下面分别进行分述,课文的结构非常整齐。另外,课文使用了多种修辞手法,或把秋雨人格化,或把秋雨比喻成生活中常见的东西和事物,或很含蓄地抒发感情,语句清新,辞藻朴实精炼,重意浓情,是一篇难得的让学生进行语言文字训练,培养语感,陶冶美好情操的佳作。

《北大荒的秋天》是苏教版三年级上册语文教材第二单元中的一篇讲读课文。作者以饱满的热情和浓郁的色彩,为我们描绘了北大荒令人陶醉的景色:一碧如洗的天空、五彩斑斓的流云、清澈见底的小河、热闹非凡的原野(大豆笑、高粱唱、榛树红),展现了北大荒的劳动者辛勤耕耘的成果,勾勒了一副独具魅力的北大荒秋天的美景图,读之令人神往。文中作者通过调动自己的视觉、听觉、触觉等多种感觉来描绘景物的色彩、声音、形状等特点;通过发挥想象,虚实结合来表达作者独特的内心体验,烘托人物的思想感情。文章的语言优美,构段方式很有特色,很适合进行诵读、词语教学、读写结合等语文训练。

【设计理念】

围绕着"心中的秋天"这一教学主题,我整合了《秋天的雨》和《北大荒的秋天》这两篇课文。这两篇文章不仅在主题上同是描写秋天的美景,而且在结构和写作手法上也有诸多相似之处。于是我抓住"作者如何抓住秋天景物特点,并将其写具体、写形象、写生动"这一整合点,对两篇课文进行了整合,希望可以通过这样一节课,让孩子们掌握"抓住景物特点,将景物写具体、写形象、写生动"的写作方法,并最终应用到自己的习作中去,完成写作能力的迁移与提升。

在设计教学时,我遵从"前置性学习"和"助学课堂"两个教学理念。"前置性学习",又称为前置性小研究或前置性作业,是生本教育理念的一个重要表现形式。它指的是教师在向学生讲授新课内容之前,让学生先根据自己的知识水平和生活经验所进行的尝试性学习。于是我为学生准备了预习单,本着以学定教的原则,根据学生预习单的反馈来设计这节课,充分考虑学生的学情和需要。同时,我还设计了多种策略,解决了这节课的教学重难点,做到重点之处细细描绘,其余部分一笔带过。

其次,我还遵从"助学课堂"中助力学生学习,助力学生能力发展这一教学理念,确定了"一篇带一篇"的教学思路。精讲《秋天的雨》,学生掌握方法后,让他们自学《北大荒的秋天》,以达到学生学习能力的迁移。同时,在学习完《北大荒的秋天》之后,再让学生运用这节课学到的写作方法对自己身边秋天的景物展开片段描写,以提升学生的习作能力。

《秋天的雨》和《北大荒的秋天》这两篇课文在结构上都是采用了"总分总"的结构方式,而且段首的第一句话都是本段的中心句。作者在写作时都牢牢抓住了景物的主要特点来描写,如在《秋天的雨》一文中作者从秋天的颜色、气味、声音等方面描写出秋日的多彩画面,而在《北大荒的秋天》一文中,作者则从一碧如洗的天空、五彩斑斓的流云、清澈见底的小河、热闹非凡的原野等方面来展现北大荒秋天的美丽景色。

两篇文章中作者在进行具体描写时,为使文章更加形象可感,运用了大量的比喻、拟人等修辞手法。例如,在《秋天的雨》一文中作者在描写银杏树叶时这样写道:"你看,它把黄色给了银杏树,黄黄的叶子像一把把小扇子,扇哪扇哪,扇走了夏天的炎热。"读完这句话,银杏树叶金黄、可爱的样子霎时就在我们眼前出现了,非常具体、形象。作者在描写果树时这样写道:"橙红色是给果树的,橘子、柿子你挤我碰,争着要人们去摘呢!"好一个"你挤我碰"啊,果子密密麻麻挂满枝头的画面瞬间就在我们眼前出现了。

在《北大荒的秋天》一文中也有大量的类似写作手法的句子,例如,"成片的大豆摇动着豆荚,发出了哗啦啦的笑声;挺拔的高粱扬起黑红黑红的脸庞,像是在乐呵呵地演唱。山坡上,大路边,村子口,榛树叶子全都红了,红得像一团团火,把人们的心也给燃烧起来了。"正是运用了大量类似这样的写作手法,作者笔下的景物才活了起来,才生动可感起来。

但是反观我们的很多学生,笔下的文字总是干巴巴的。写作文的时候总是一遍一遍地问:老师,要写满吗? 老师,要写多少字? 似乎总也凑不完那短短的几百字,写作在他们心里是个大难题。究其原因是他们不会写,不懂得如何使自己的文章丰满、具体、生动,所以他们写出来的文章才会干巴巴的,没滋没味,才会总也凑不够字数。而这两篇文章中,大量的比喻、拟人等修辞手法的运用为孩子们的写作提供了良好的范本。于是我确定了"精讲一段,自学一段,练笔一段"的教学思路。我认为,通过这样的方式可以完成对学生学习能力、写作能力的梯级提升,也可以使学生达到他们的最近发展区。

【助学目标】

1. 随文学习相关的生字和词语。

2. 正确、流利、有感情地朗读课文,体会秋天的美好。

3. 学习作者抓住事物特点,把事物写具体、写形象、写生动的具体写作方法,并学会运用。

【助学过程】

板块一:以学定教,反馈预习

(1)朗读两首关于秋天的诗歌,导入新课。

(2)师板书课题,生齐读课题。

(3)反馈预习单:

①纠正"钥匙""衣裳"两词读音,强调最后一个字是轻声。

②纠正多音字"扇"的读音,读词语"扇子"和"扇哪扇哪",并读句子:"你看,它把黄色给了银杏树,黄黄的叶子像一把把小扇子,扇哪扇哪,扇走了夏天的炎热。"

③指导书写"爽"字,注意强调笔顺。老师范写,学生书空,而后学生自写,抽一名学生到黑板写,师生共同评点,纠正。

板块二:抓特点,把握文章主要内容

(1)接读课文,边读边想作者从哪些方面描写了秋天的雨。

(2)老师出示相关语句,并指出这些句子不但串起文章主要结构,而且还是每段开头的第一句话。同时引导学生发现每一段的内容都是围绕段

首第一句话展开的,这句话便叫做中心句。

(3)顺势迁移到《北大荒的秋天》,请学生自读课文,找出这篇课文从哪些方面写了北大荒的秋天,并画出每一段的中心句。

板块三:品读课文,感受秋天的五彩缤纷

(1)秋天的雨就像一把钥匙打开了秋天的大门,我们顺着秋天的大门往里走,可以看到哪些景色呢? 请同学们自读课文画出相关词语,并用"xx颜色的xx"这样的短语来表示。

(2)出示相关词组,请同学们齐读词组,并想一想这么多颜色交织在一起,用本段中的一个词来表示是什么。学生找出"五彩缤纷"一词后,教师趁机渗透抓住上下文理解词语意思的学习方法,并请学生自读《北大荒的秋天》一文第二段,根据上下文理解"五彩斑斓"一词。

(3)作者把秋天写得这么五彩缤纷,同学们一定特别喜欢,请同学们自由朗读第二段,找出自己喜欢的句子,多读几遍。

(4)交流分享,出示:你看,它把黄色给了银杏树,黄黄的叶子像一把把小扇子,扇哪扇哪,扇走了夏天的炎热。

①请喜欢这一句的同学说一说喜欢这一句的理由。

②指出作者在这里运用了"把什么比做什么"的写作方法。这样一来在写作的时候,就可以把事情写得更具体、更形象。

③指导学生读句子,尤其是读好"扇哪扇哪"一句。

(5)请同学们找一找文章中还有哪一句运用了同样的写作手法,说一说把什么比做什么,并且指导朗读。提示学生在自己写作时,也用上这样的写作方法,让自己的作文也生动起来。

(6)出示:橙红色是给果树的,橘子、柿子你挤我碰,争着要人们去摘呢!

①说一说喜欢这句话的理由。指导朗读,读好感叹语气。

②抓住"你挤我碰"一词,帮助学生体会"把没有感情、没有动作的动物和植物当成人来写"这种写作手法的精妙。通过这样的手法可以让作文更加生动、更加活灵活现,提醒学生也要学会使用这种写作手法。

（7）找一找文章中还有哪一句也运用了这样的写作方法,交流句子,教师指导朗读。

（8）为进一步体会作者笔下秋景的美好,将第二段变换成小诗的形式,指生读诗歌,教师配乐范读,然后师生共同配乐朗诵。

板块四:迁移方法,引导学习原野的热闹非凡

（出示《北大荒的秋天》第四段。）

（1）这一段抓住了北大荒秋天的什么特点?

（2）作者在本段中也运用了前面学习到的两种写作手法,你能找一找,画一画,读一读吗?

①学生自读课文,画出相关语句。

②全班交流,说一说分别运用了怎样的写作手法,教师相机指导朗读。

板块五:拓展应用,写写你眼里的秋天

不知不觉中秋天已经来到了我们的身边,它在田野里、学校里、小区里,你能拿起你的笔写写你身边的秋天吗?记住:在写的时候,要抓住景物的主要特点,并试着用上我们这节课学到的两种写作方法。

【助学反思】

让改变发生

接到让我讲公开课的消息时,我正在姥姥家准备和家人一起过中秋节。李玉玺老师的电话让我原本愉悦的心情瞬间跌落谷底。上班以来,公开课我是讲过一些的,但是在时间这么紧的情况下,准备一节公开课还是第一次,更何况我要讲的还是一节整合课,我不禁在想:我能行吗?我该怎么办?我的心里一片慌乱,我反复问着自己,满心焦虑。

爸爸看着我焦虑的样子,对我说:"没关系的,你这个年纪讲公开课就是去锻炼的。讲得好大家觉得你很棒,讲得不好也是很正常的,去听课的老师是有心理预期的。"于是爸爸把我送回了学校,我一个人在中秋的校园

里,开始了两天"炼狱"般的生活。

说是"炼狱"般的生活一点都不夸张,因为从来没有一节课像这一节课一样,不断地被推倒然后重来。终于,在修改第五遍之后,我的课基本成型。期间种种折磨与煎熬不言而喻,所以我特别想用"百炼成钢"或"破茧成蝶"这样的词语来形容我准备这节课的过程。对我来说最贴切的感受便是"扒一层皮",那么扒掉的这层"皮"是什么呢?我想应该是传统、保守、老套的教学设计,是只考虑教师教而忽视学生学的教学出发点,是一味求稳而不敢求变的畏惧心态。

以往的课,我总是精讲一篇,觉得能顺顺利利讲好一篇就已经很不错了。整合,取舍,我想都不敢想。因为我总是觉得自己的能力驾驭不了,怕讲不好。但是讲完这节公开课之后我才发现其实所谓的整合并非简单的"1+1=2",而是在整合之中有所取舍。从文本中抓住可培养孩子能力的一点、两点,加以整合、强化、迁移,最终让孩子培养起学习能力才应是我们教学设计的出发点。

以前我们上课总是设置很多教学目标,师生往往热热闹闹,匆匆忙忙。上完一节课后,孩子们却收获甚少。我们似乎也很少思索,我们设计的这些目标到底实现了多少,孩子们到底掌握了多少。如今都在讲实效课堂、高效课堂,那么传统的课堂真的有我们原本期待的那么高效吗?我们似乎很少这样问自己。

在第一次教学设计中,我按照传统的思路列了一大堆的教学目标,也写出了相应的教学设计,拿给李玉玺老师看的时候,李玉玺老师问我:"你这样的教学设计能达成你原本的教学目标吗?你所设计的教学目标、教学设计是以教师的教为出发点,还是以学生的学为出发点?学生上完你这节课能培养起什么样的能力?"李玉玺老师的话让我哑口无言。因为说实话我在设计这篇教学方案的时候,确实只是在想我要设计一节课,要平平稳稳、顺顺利利地把它讲下来,完成学校的任务,不给自己丢脸就好了。至于学生能学到多少,能完成怎样的能力提升,我一点也没有想到过。

李玉玺老师又说:"你看这两篇文章的语言多么优美,结构如此相似,写作手法也有诸多相似之处,为什么不可以从写作方法上做点文章呢?"在李玉玺老师的指导下,我的思路渐渐明晰起来,确定了以培养孩子"抓住事物主要特点,将文章写具体、写形象、写生动"为出发点的教学思路。李玉玺老师嘱咐我说:"不要总是想抓住那么多,其实你想的越少越好,因为整合要抓住的点不在于多,而在于精。"

于是在设计这节课的时候,我做了许多的挑战和尝试。我几乎舍去了除《秋天的雨》第二段和《北大荒的秋天》第四段之外的所有内容,只是抓住这两段中的相似点进行整合。因为这两段无论是在写法上还是结构上都有诸多相似之处,对于孩子的能力迁移会有非常好的助力作用。当我把这两段提出来的时候,我发现我这节课的设计不再乱糟糟了,思路也变得明晰起来。原来整合课并没有我以前想象的那样内容繁多臃肿,反而比我原有的设计要言简意赅,精炼明晰。

我发现,要想讲好一节整合课,抓住两篇文章中可整合的点是一件极其重要的事情,因为每一个点就像一颗颗珍珠,散落在不同文章里,需要我们用整合这条线把它们申起来,这样它们才会成为漂亮的项链,我们才会看到它们作为语言文字的精妙之处,而作为串珠者的我们,思路也会更明晰。

虽然这节课在设计的时候,自己计划的还算顺畅,但是讲完之后还是发现有很多不足的地方,尤其是听了孙老师的点评之后,我才发现原来我遗漏了那么多可整合的点。

在我的教学设计中,我只抓住了写物的主要特点,把握了"写具体"这一共同点,但是却忽略了两篇文章在整体结构上的共同之处,而且没有抓住让学生学会学习方法后进行迁移这一目标。此外,在第一篇的学习中,我在处理"抓住中心句,概括课文内容"这一点上还是有些拿捏不好,只是一带而过,并没有教给学生具体概括的方法。所以很多学生在概括课文的主要内容时,说不到中心点上去。其实我应该抓住孩子说"动物"与"植物"这一课堂生成,向他们渗透"利用中心句,概括段落大意"的方法,进而迁移到《北大荒的秋天》这一课。这样一来,这两篇文章不论是在点上还是在面上都会整合得很好。

其实,抛开这节课的成功与失败,我觉得这节公开课本身对我来说就是一种挑战,是一种引导。它引导我大胆创新,大胆取舍,让我跟传统的教学方式说再见,让我与那个胆小而又保守的自己说再见。于是改变也随之而来。我惊喜地发现,原来所谓改变并没有让前方的路变得困难重重,反而有了"柳暗花明又一村"的别样景色。所以让我们大胆而勇敢地让改变发生吧!

(案例提供:崔佳星　案例指导:李玉玺)

【课例评析】

安排崔佳星老师执教一节整合课,既是对一位年轻教师的历练,也是对我校课程改革深入实施"1+1"助学课堂教学研究的一次检阅。此次研讨课也是难得的机遇,因为这样的探讨提升课能够得到专家的指点。对于这样一次研讨课,煎熬的不仅是执教的教师,同样还有我自己。整合实验提出的助学课堂是否真正能够助力学生的学习,助学课堂究竟是什么样的模式,教师是否能够从传统教师教的理念转向助力学生学的理念,所执教的文本如何整合才能成为学生最佳的学材,这种教改的理念能否得到专家的认可等,这些问题与理念在我头脑中不断盘旋、碰撞。

从推进学校课程改革到寻觅到实施路径,我翻阅了大量的资料。从当前课程改革的推进方向和课堂教学改革的理念中,我找到了相关的理论支持,但从理念到落实总会有现实的差距,每次研究课都将成为推进课程改革研究的节点。本次崔佳星老师执教的研究课再次成为了我研究"1+1"助学课堂的里程碑,在推进课堂教学改革的道路上,让我明确了如下方向:

一、课程整合为学生提供更好的学材

推进课程改革伊始,我就认定:课程改革一定要以学生为中心,一定要以服务学生的学习为核心。在过去传统的教学中,我们整合教学内容时大多站在教师如何更好地教的角度展开研究,这样的课程整合与改革没有从根本上转变教师的教,学生仍然被放置在被动的学习地位上。因此,我们推行的课程改革必须以学生的学为中心展开,把传统的教材设置成"教、

学、练、用"这种适合学生能力迁移的学材。

崔老师整合的"走进秋天"两篇课文,摒弃了传统教学中为完成教学任务而教的理念,直接从"预设学生要掌握的学习方法,形成学习能力"出发整合学生的学材。首先,引导学生在第一篇课文中,学习作者是如何抓住秋天景物特点,采用具体、生动的描写方法的;然后,进行学习能力的迁移训练,学习第二篇课文中相关的段落;最后,学生在掌握了这一学习方法之后,进行练笔训练,运用学到的方法描写身边的秋天。这两篇内容相近、表达方法相似的课文,形成了学生掌握学习方法的学习素材。这样的整合是为了提高学生某项学习能力而进行的整合,是真正落实以学生为中心的整合。

二、助学课堂要助力学生掌握学习方法,形成学习能力

助学课堂提出"生学为本,师教为助"的教学理念,助力学生的学习是助学课堂的核心所在,课堂教学中教师要助力学生学习方法的掌握和学习能力的形成。在本节研究课上,崔老师采用"读文标划文中表示颜色的词语,出示黄色的银杏叶"等形式引导学生朗读,然后通过联系上下文的方法助力学生理解"五彩缤纷"的意思。

从结构上看,本文每一段的第一句话都是总起句,这是学生需要掌握的一种较为常用的写作结构。崔老师在教学中引导学生整体感知课文从多个方面描写了秋天并画出课文中相关语句,然后出示句子引导学生朗读,最后让学生试着将这几个句子串联起来说出课文的主要内容。这样的教学环节不仅助力学生从文本结构方面掌握写作方法,而且也落实了助力三年级学生概括课文主要内容的教学目标。就像评课中专家提到的,这一教学环节的设计如果处理得再细致些,学生掌握这些学习方法就会夯得更实在一些。

三、课改成败的根源在于教师的理念

听完崔老师第一次的执教思路后,我便问她这节课所设计的教学目标是什么,教学设计是以教师的教为出发点还是以学生的学为出发点,学生

上完这节课后能培养起什么样的能力。崔老师显然没有在备课时仔细考虑这些问题,她只是非常敬业地研究了教材和教参,设计好了她应该完成的教学内容以及怎样完成这些教学内容。但这不是我们课堂教学改革所倡导的,更不是我们课程改革的理念趋向,这还是传统的以教为中心的课堂教学思路。

当重新站在学生的角度预设学习目标时,崔老师深刻领悟到,应该重新从学生如何学,教师如何助学的角度设计助学思路。从最后研究课执教的效果来看,崔老师是一位领悟能力极强、素质极高的教师。学会在教学的道路上转弯并不是每一位教师都能够做到的。

又一次整合研究课落幕了,在中秋节备课,在国庆节反思,似乎有点特殊的味道,研究课留下的思考价值和意义也似乎更大了一些。

(课例评析: 李玉玺)

案例四:

借物喻人两篇
——《落花生》《宋庆龄故居的樟树》阅读教学

【组文说明】

《落花生》是一篇叙事散文,在表达上颇具匠心:其一,语言浅显平实,简明精当,却旨趣深远,寓理于物;其二,布局详略得当,主次分明。文章篇幅虽短,却给人以清晰明了的印象,使人从平凡的事物中悟出耐人寻味的道理。

《宋庆龄故居的樟树》也是一篇托物言志,借物喻人的抒情散文。文章层次清楚,语言简洁,重点突出,表面上看,文章介绍了樟树的外形及作用,但真正的目的是要借樟树赞扬宋庆龄高尚的品格和坚毅的革命情怀。

两篇文章在写作上最突出的特色就是详略得当和借物喻人,而且两篇文章都采用对比的手法突出要写的事物。在学习借鉴这类文章时,一定要注意借物是为了议论,是为了喻人,阐明做人的道理。只要议论部分写清楚了,中心自然就突出了。通过这两篇课文的对比学习,不仅学生的阅读量增大了,而且学生对借物喻人这类文章有了进一步的领悟,从中习得了方法,提升了阅读能力。

【设计理念】

语文阅读教学只是示例教学。课堂上对课文内容的处理不用面面俱到,而要抓住重点句子,引导学生加深理解,让学生学得充分,学得深刻。我们读一篇文章并不只是把这篇文章读懂了,知道主要内容是什么,知道是什么意思就可以了,这实际上只是一个表层的解读,更主要的是要通过一篇文章的学习,知理知法生情,并转化为自己的一种能力从而全面提高语文素养。

【助学目标】

1. 正确认读课文中的生字和新词语,联系上下文理解"居然"的意思,体会表达的效果。

2. 理解课文中含义深刻的句子,领悟做人的道理。

3. 了解文章的表达顺序,分清文章的主次,并初步体会这样写的好处,学习作者主次分明的表达方式。

4. 初步了解借物喻人的写作手法,能学习作者的写法,试着选择一种事物写一写。

【助学过程】

板块一:导入,质疑笔名,以问题引起动机

(1)出示花生的图片。

为什么叫落花生呢?

(教师解题:花生又叫落花生,因为花生的花落了,就钻到土里长成花生荚,所以叫落花生。)

(2)"落花生"不仅仅是这种农作物的名字,还是我国现代作家、学者许地山的笔名。有的孩子要问了:老师,我们的资料上写,他的笔名是"落华

生"啊！因为在古代和许地山生活的那个年代,人们常常把"花"写成"华",所以"落华生"其实就是"落花生"。你对这个笔名有什么疑问吗?

(3)今天这节课,我们就来学习许地山的散文名篇(板书课题)。咱们看看能不能通过这节课的学习了解许地山笔名的含义,同时还要看看这篇著名的散文到底好在哪。

(设计意图:陶行知说,"创造始于问题"。问题是思维的起点,兴趣是求知的动力。引导学生从课题处质疑,吸引学生走进文本,激发了学生的兴趣。)

板块二:检查预习,找准起点,夯实基础

(1)幻灯片出示课文第一自然段。请学生读读这段话。

(幻灯片中"空地""种花生""买种"三个词语中的多音字变为红色。)

"播种"有点疑问,在这儿应该读什么?

买种:买的是种子。翻地:翻的是什么?(地)浇水:浇的是什么?(水)

这样一来,这组词语都是动词加什么?(名词)所以这个地方的意思是播撒种子。要读什么?(zhǒng)

(2)总结方法:多音字的读音要根据意思来判断。

(设计意图:在检查学生预习情况时,抓住学生容易读错的字,进行有效的指导。"种"字的辨析,采用了联系上下文法来确定读音,让学生在读准字音的同时,又懂得了学习方法。)

板块三:略读"种""收",引导发现,主动求知

(1)请大家再读读这段话,看你能发现什么问题。

①引导学生联系上下文理解"居然"的意思。

②带着收获之后的惊喜来读读这段话。

(师起,生齐读。)

(2)这一段话,寥寥数语,就交代了种花生、收花生两件事。请大家打开书,快速浏览课文,看除了这两件事,文中还围绕花生写了哪几件事?

(生自由读文寻找答案,交流。)

（3）经过刚才大家的寻找，发现种、收、尝都是寥寥几笔，而议花生却用了那么多的笔墨。作者为什么要这么写呢？

总结方法：这是这篇著名散文的第一个特点，你看咱们已经看出来了，就是主次分明、详略得当。咱们平时写文章也不能平均用力，也得分主次，主要的详写，次要的略写。

板块四：精读重点，深化主题

下面我们就直奔重点，看看那天晚上父亲和我们在一起关于花生都谈论了些什么。

（1）师生合作读人物对话。

（2）学生默读父亲的话，作旁注。

（3）讨论交流：

①父亲说花生的什么最可贵？

②父亲说花生就说花生吧，扯上桃子、石榴、苹果干什么呀？

（通过对比，让我们更加体会到外表不好看的花生却能默默地给人带来好处，真的是更可贵，更让人钦佩。让我们来读读这段话，读出花生的这份可贵。）

③父亲仅仅是在谈花生吗？哪句话明确告诉我们了？（出示课件）说说你们是怎样理解的。

（4）过渡：少年的许地山也是这样理解这句话的。他说——（幻灯片出示：人要做有用的人，不要做只讲体面，而对别人没有好处的人。）（生齐读。）

①理解"体面"及句子的意思。（讲体面有没有错？没错，关键是不能只讲体面。）

②引读第十三自然段（许地山懂了，同学们也懂了），人要做……不要做……

③许地山这样说，也是这样做的。他长大后埋头苦干，默默奉献，成为著名的教授和作家。他留学西洋多年却从不穿西服，不抽烟，不喝酒，大部分收入都用来买书；在香港大学任教时，他以系主任的身份每周还上20小时的课；抗日战争期间，他为抗战事业奔走呼号，终因劳累过度而病逝。

他曾说——（幻灯片出示：我要像落花生一样,踏踏实实地做个淳朴的人,有用的人。我要为中华而生,为中华而奉献。）（生齐读。）

现在你知道许地山为什么将"落花生"作为自己的笔名了吗?

小结课文：这篇文章谈论的是落花生,讲的却是做人的道理,这种写法叫做——借物喻人。

板块五:迁移学习《宋庆龄故居的樟树》

（1）学生自由读文,边读边思考,并做简单批注。
（2）交流读书体会。

板块六:比较异同,感悟写法

运用群文阅读最常用的比较阅读法,找找两篇文章的相似之处和不同之处。

（学生交流讨论。）

总结：两篇文章都用了借物喻人的表达方式。每篇文章都有一个故事,把借的物和喻的人有机地连在一起,而且借的物和喻的人之间有共同点。两篇文章都采用对比的手法突出要写的事物。

（设计意图：著名的教育家陶行知说,"先生的职责不在于教,而在于教学生学。"教学有法,贵在授法。）

板块七:布置作业,读写结合,读活用活

（1）推荐阅读：陈毅的《秋菊》、明代大英雄于谦的《石灰吟》、老舍的《落花生》、茅盾的《白杨礼赞》、陶铸的《松树的风格》。
（2）小练笔：结合生活实际,你从身边的人和事物中领悟到了什么? 试着选一种写一写。

【助学反思】

"1+1"助学课堂挑战传统教学

许多老师都有这样的困惑：为什么学生喜欢阅读,却无法亲近语文课

堂？究竟怎样才能通过语文课堂教学实现对学生阅读习惯、兴趣和能力的引导？我们强调阅读的重要性，督促孩子不断地阅读，但是却忽视了如何引导孩子有效阅读，忽视了如何为孩子打造良好的阅读环境，忽视了课堂教学对于孩子阅读的重要作用，忽视了让孩子通过阅读而爱上阅读的初衷，使得孩子离我们期望的阅读越来越远。

阅读本身就被称为"看书报并领会其内容的过程"，所以看书报不单纯是一个以目观之的过程，它更是一个以心感知的过程。其中，在我们的阅读课上，以心感知显得尤为重要。所以阅读课一般不停留在以目观之，能读准音，读通顺这个层面上，更主要的是不断地形成解释，然后把对人物的这种情感和对语言的认知不断转化为自己的理解，这便是以心感知的过程。

在课堂上我鼓励学生学会从表象看内在，学会浮想联翩。一个阅读的高手往往是擅长浮想联翩进行阅读的。他不可能是读了这个故事，就只知道这个故事，而是会把读到的这个故事转化到自己的身上，转化到生活中去看待问题、解决问题当中，这种转化需要一个过程。这就涉及阅读教学中用一篇文章来"做什么""教什么"和"学什么"的问题。我们读一篇文章并不只是把这篇文章读懂了，知道主要内容是什么，知道是什么意思就可以了，这实际上只是一个表层的解读，更主要的是要通过一篇文章的学习，知理知法生情，并转化为自己的一种能力从而全面提高语文素养。"1+1"模式的助学课堂给学生搭建了这样一个桥梁。

我们常说的语文阅读课堂，仅仅是单篇课文的教学，甚至一篇精读课文常常占用两到三课时才能完成，多数教师是教教材而并非用教材教。以前的语文课堂，学生只是倾听者，谈不上和谁交流。而我们的"1+1"助学课堂给了学生一个交流的机会，是教师、学生和文本交互作用的过程，是在交互作用中产生新的视角融合的过程。在这样的课堂上，教学不仅仅是一种告知，更多的是学生的一种体验、探究、感悟和提升。

"1+1"助学课堂改变了课内阅读长期由单篇课文一统天下的狭隘局面，扩大了张力，将课外阅读挤进课堂，使课内外阅读链接，互惠互利，丰富了语文课程的资源,扩展了语文课程内容,拓宽了阅读教学的途径。学生在比较阅读中,逐步增强全面、客观看问题的意识,提高阅读品味,进而提升阅读能力和思考能力,为终身阅读与发展奠定基础。

那么在有限的语文课堂中,该如何进行有效阅读?"1+1"助学课堂意味着"教"的改变和方法的突破,让学生自己去读,自己在阅读中学会阅读。反观自己的课堂,学生的主体地位还没真正得以体现。我们占用的时间还是过多,没把课堂的时间真正还给学生。我们必须花时间去琢磨学生、琢磨活生生的课堂,甚至走进学生中间,了解他们对学习内容的兴趣、知识储备和所关心的话题,使课堂教学更贴近学生的实际情况。

在"1+1"助学课堂里,教学不可能做到面面俱到,教师要学会抓住重点、突出要点、把握难点,要做到取舍有道。就如教学《落花生》这篇课文时,我抓住父亲所说的几句话,作为学习该文的突破口,助力学生深入理解课文内容。

教学《落花生》一文不能满足于学生最后喊一句口号:做人要做有用的人。在设计教学目标时,如果只涉及"知道父亲话语中包含的道理",你会发现这样的话会把这篇课文讲"小"了。其实这节课我并不打算花过多的时间在指导学生知道父亲一番话所包含的"理"上,而是要解读"理"字背后自己是怎样想的。学生不仅要知道"理"字背后自己是怎么想的,还要知道父亲是怎样传达出来的,也就是他怎样说才把"理"字形象鲜明地彰显在我们眼前,让我们一生挥之不去。所以这里面有对话,有对比。对比这种方法比较关键,但对比这种方法是为"理"服务的。最后,对于"借物喻人"这种写作方式,不能仅停留在了解文章最后是在借物喻人,关键要再探讨何为借物喻人。

培养学生不能只是培养"喊口号"的学生,不能只说结论而不再延伸。我们的课堂当前要务实。所谓务实,就是要根据学生的实际情况帮助其进一步发展,且从目标制订时就要务实,目标必须清晰,如果眉毛胡子一把抓,可能学生什么都得不到提高。

如何实现"1+1"阅读教学价值的最大化? 突破点还在如何组合文章

上,它考验着教师的视野、眼光、智慧和对阅读教学的理解。这对于长期以单篇教学为主的我们而言,何尝不是一种前所未有的巨大挑战呢?课堂上,如果要让学生读"一群"文章,就意味着教师要去读更多的文章,因为只有精神丰盈的教师,才能以他独特的魅力吸引学生。因此,就需要我们语文教师不断丰富阅读积累,加强自我学习,从而提高教师个人修养,促进教师专业成长。

（案例提供:薄其玉）

第三节 "1+1 组"群文阅读课

"1+1组"群文阅读课,相对于以文带文课来说,是一篇带多篇的阅读课。"1+1组"群文阅读从组文的方式来看,主要有基于单篇的组文、基于单元的组文和基于整本书的组文三种方式。基于单篇的组文模式是最常用的一种方式,它分为两种,一种是以核心主题并联文章,另一种是以能力为主线串联文章。以核心主题并联文章是指以一个核心主题为圆心,把几篇文章汇聚在一起,围成一个圆形的阅读圈。圆心既可以是文章的主题内容,也可以是文章的表达方式,还可以是文章的体裁或是学生的学法。

如《桂花雨》是人教版五年级上册语文教材"思念家乡生活"单元中的一篇文章,作者是中国台湾作家琦君。文章描写了作者在家乡摇桂花时的情景,表现了作者对儿时生活乐趣的回忆和对家乡的怀念之情。但课文是经过编者删减、改编的,课文与原文相比较,韵味有所降低,读来难免让人有些遗憾。遗憾的是不能从完整的作品中认识完整的人,更无法从中体会作者表达的完整的思想感情。

为了让学生更好地从文本中感悟到情感丰富的琦君之人,认识一个完整的琦君之形,于是在教学中我补充了琦君的另外两篇文章——《髻子里的铜钱》和《月光饼》。三篇文章构成一个小的阅读群。这三篇文章写作风格比较相近,都是通过朴实自然的语言展开对童年生活的回忆,字里行间流露出对故乡的深深眷恋之情。这是以作者琦君为圆心的由单篇课文组成的阅读圈。教学中这样一个小群文,主题统一、风格相似,从单篇到群文,让学生从不同的角度认识了琦君之人,感受到了琦君之形,领悟到了文章之情。

群文阅读让教师的串讲淡出了课堂,以学生的学为中心的阅读兴趣被激发,实现了语文教学本质的回归。基于单篇的群文阅读既可以把"人文"作为核心主题,也可以把文章的表达方式或体裁等作为核心主题,但无论以哪一个主题为核心,群组课文的根本出发点都是服务学生的学,助力学生的学。

再如,人教版三年级下册语文教材中《检阅》一文出现在"感受儿童生活的丰富多彩"这一单元中,我感觉这篇文章中描写特殊人群的自尊自强和对这一特殊人群人文关怀的色彩更浓重一些,于是我找到了群组这几篇文章的核心:与不一样的人相处。

于是我将《检阅》这篇课文定义为"1+1组"群文阅读中的前一个"1",后一个"1组"我选择了讲述加拿大总统让·克雷蒂安克服相貌丑陋,说话口吃,左脸局部麻痹,嘴角畸形的不足,在不懈努力后成功竞选上总统,成为自尊自强形象代表的课文《让生命蛹化成蝶》;描述左腿畸形的小男孩对后腿伤残小狗的关爱,表现小男孩自尊自强的课文《小狗待售》;赞扬老师和同学们对因病掉光头发,不得不戴帽子上学的孩子苏珊同情和关爱的课文《苏珊的帽子》,以及描述继父如何引导身体极度畸形的河子走向生活独立、自食其力,表现继父对河子深沉的爱和河子对继父无比感激之情的课文《我看见了大海》。

教学中通过阅读类似的文章,感受人物的自尊自强,用对比学文的方法实现学法的归纳、人文情感的熏陶。阅读了这样一组文章,学生会深刻理解到特殊人群需要个人自尊自强才会赢得别人的尊重,要善待特殊人群,因为他们具备应有的平等权利。这个意识带给学生的影响我想会远远大于阅读一篇单薄的《检阅》,会内化为他们今后对待特殊人群的行为准则。

特级教师孙建锋认为,语文实质上有三个层面的东西:一是语音、文字、词汇和语法,这是最表层的东西;二是语言的技巧,包括修辞、章法和行为技巧,这是较深层次的东西;三是价值取向,这是核心层面的东西。我们常用的群文组文基点为前两种,后一种使用较少。孙老师把文本的价值取向分为民族的和人类的两个层次,他认为文本的价值取向才是真正的内核。基于这种理解,他以"找共同的价值"为圆心,群组了《搭石》《生命桥》《船长》三篇课文。

教学中,他先让学生从《搭石》一文中体会一行人走搭石的秩序美,上了年纪的人走搭石时村民们的心灵美。接着引导学生默读课文《生命桥》《船长》,通过提取关键词的方式,让学生说一说这两篇课文中存在怎样的美,这种美与《搭石》中的美有什么共同之处。学生交流之后教师总结:《搭石》讲述了常态下的秩序美,《生命桥》和《船长》则讲述了非常态下的秩序美。

文章学到此处,教师继续为学生体会文本价值设计助学策略,让学生思考在这两种状态下的秩序美与生命美有何关系。学生联系自己的生活实际体会到生活处处有秩序,学校有秩序,社会有秩序,有了秩序生命才有保障,生活才会有质量。总之,秩序美了,生活才美,生命才美。在危急关头有了秩序才会最大限度地避免生命悲剧的发生。教师借此提升秩序美乃天地之间的大美。学生学习了孙老师的这一组群文之后,一提到《搭石》就会想到走搭石的秩序美,一提到《生命桥》就会想到羚羊逃生的秩序美,一提到《船长》就会想到救援工作的秩序美。"搭石""生命桥""船长"就成为了秩序美的象征。这种秩序美能够启迪人们的健康心智和人生价值取向,这种价值取向就是语文的内核。

另一种基于单篇的组文方式是以能力为主线串联文章。这种组文方式是以学生的能力为主线,把几篇课文串联成一个阅读链。叶圣陶先生曾说过,教材无非是个例子,凭借这个例子要使学生能够举一反三,练成阅读和写作文的熟练技能。以能力为主线串联的一组课文就是一条能力线。记得有位老师曾经将《东方之珠》《小露珠》《石榴》三篇课文进行了群组教学。三篇课文看似彼此关联度不大,但这位教师把《东方之珠》作为"1+1

组"群文阅读课中的前一个"1",教学中通过"给香港设计一张名片"的方式,激发学生的阅读练笔兴趣,学生通过读文学习了抓关键词句的方法。后面两篇文章出现了"露珠名片"和"石榴名片",这样的学习方法一直延伸到单元习作——为一种小动物制作动物名片。群组这几篇课文的主线就是"一张名片",这"一张名片"串起了学生的阅读与写作能力。

基于单元的组文模式也是一种比较常见的方式。人教版六年级上册语文教材第五组的主题是"走进鲁迅",教材提供了四篇课文:《少年闰土》《我的伯父鲁迅先生》《一面》《有的人》。为了使学生在学习内容、学习方法上相互渗透、有机融合,让学生多角度、多视角感受到一个完整的鲁迅形象,有的教师以该单元为基础,群组了同步阅读中与主题相关的文章——《父亲对我的教育》《回忆鲁迅先生》《秋夜》《访鲁迅故居》。这样一个阅读群让学生从不同视角、多角度了解鲁迅之人。

站在小学语文角度,处在课程的高度研究鲁迅之人的当属绍兴的刘发建老师。他从当初教学描写鲁迅的作品到群组课文研究鲁迅,再到后来从儿童视角开发一个《鲁迅课堂教学专辑》,最后在恩师周一贯先生的建议和指导下,立足课程研究的角度,对新中国成立以来的小学鲁迅教学作了一次比较系统的梳理,出版了国内第一本研究小学鲁迅教学的著作《亲近鲁迅》。他的实践经验和研究成果受到国内诸多鲁迅研究专家的认可和赞誉,也为小学语文教学改革提供了很好的思路。《亲近鲁迅》不单是引导孩子们亲近伟人,更重要的是亲近母语,亲近民族文化,为学生的生命打下民族精神的底色。

刘发建老师的例子启发我们从群文走向课程,从教书走向育人。读鲁迅的作品,你不会感觉到他在教育你如何"做人",但你一定能感觉到隐约的"立人"意蕴。过去,我们习惯用"伟大的鲁迅"去教育学生如何做人,如今我们却需要从"真实的鲁迅"寻觅"立人"的精神。从"做人"到"立人",虽然只有一字之差,但带给我们的教育启示却是完全不同的。

案例一：

"自然奇观"群文阅读教学设计
—— 以《观潮》为基点的群文阅读教学设计

【组文说明】

本组课文以"自然奇观"为主题安排教学内容。

《观潮》描写了钱塘江大潮的盛况，写了作者耳闻目睹的潮来之前、潮来时和潮头过后的景象，以及大潮由远而近、奔腾西去的全过程，描绘出了江潮由风平浪静到奔腾咆哮再到恢复平静的动态变化，写出了大潮的奇特、雄伟、壮观。

《雅鲁藏布大峡谷》为我们描绘了大自然留给我们的珍贵遗产——雅鲁藏布大峡谷。课文首先介绍了雅鲁藏布大峡谷所处的地理位置——在"世界屋脊"青藏高原上，与珠穆朗玛峰为邻，然后从大峡谷的雪山冰川、原始林海以及生物的多样性等方面描绘了峡谷的奇异景观。在这一部分中，作者运用了"从……到……"的排比句式，气势非凡，让人感到雅鲁藏布大峡谷的自然景观如神来之笔。读罢此文，犹如走进了神奇美丽的画卷之中，拥抱大自然的情感油然而生。

《火烧云》中，著名女作家萧红以热情酣畅的笔墨给我们勾画了一幅绚丽多姿的火烧云图景。作者以多个不同构词形式的词语描述了火烧云的颜色变化，渲染了红霞飞舞、瞬息万变、目不暇接的奇妙景观。在渲染了色彩之后，又描写了火烧云各种奇妙的形态，向我们勾勒出三幅动态的画面：跪着的马、凶猛的狗、威武的狮子，而且十分传神地写出了瞬息之间由小到大、由清楚到模糊、最后不见的变幻过程。火烧云上来时色彩绚丽，形态多变，下去时则恍恍惚惚，给人留下无限的遐想。

《迷人的张家界》中作者对张家界的介绍很有层次，由美丽的景色写到宝贵的资源，最后总结张家界是"名副其实的人间仙境"。对于张家界景色的描写，作者犹如一位高明的摄影师，首先拉出的是张家界的群峰，展示了群峰的不同风姿。接着，镜头对准了几个最抢眼的景致：斧砍刀劈似的金鞭岩,群峰中最高的黄狮寨,满目青翠的金鞭溪。三处景物,可谓各有其美,各有其妙,各有其特。

【设计理念】

通过阅读本组描写自然奇观的文章,让学生感受大自然景观的奇妙所在,体会作者如何运用不同的写作方法来表达奇妙景观。组合这样一组文章,让学生在不同自然奇观中感受大自然的神奇,进而培养学生热爱大自然的思想情感。在这样一组文章中,学生学习通过读书想象画面,学会用自己的语言转述课文内容的方法,进而形成学习素养。

【助学目标】

1.认识文章中出现的生字和新词。

2.有感情地朗读课文,能够背诵并积累优美的语句。

3.学习运用"边读边想画面"的读书方法,尝试运用自己的语言转述课文。

4.读文把握文章所描述的奇观特点,学习作者的描述方法。

5.感受大自然的壮观,培养热爱大自然的情感。

【助学过程】

板块一:品读课文,感受钱塘江大潮的奇特

(1)释题:观潮的"观"字用的奇妙所在。观潮与听潮、看潮作比较,引导学生体会:"观"不但包含了听和看,还包含观潮人的感受。

(2)整体感知课文内容,引出全文总写句——钱塘江大潮,自古以来被称为天下奇观。钱塘江大潮奇在何处? 请用笔在课文中标画出来。

(3)学生读文交流。文章从声音、形态变化和气势等方面,描写出了大潮的奇特。

句子一:午后一点左右,从远处传来隆隆的响声,好像闷雷滚动。

句子二:过了一会儿,响声越来越大,只见东边水天相接的地方出现了

一条白线,人群又沸腾起来。

句子三:那条白线很快地向我们移来,逐渐拉长,变粗,横贯江面。

句子四:再近些,只见白浪翻滚,形成一堵两丈多高的水墙。浪潮越来越近,犹如千万匹白色战马齐头并进,浩浩荡荡地飞奔而来;那声音如同山崩地裂,好像大地都被震得颤动起来。

(4)学习写法:

①描写大潮的四个句子能调换顺序吗? 为什么?(由远及近的写作手法,点拨"移"字的精妙。)

②比较句子,体会写作方法。

句子一:浪潮越来越近,犹如战马飞奔而来。

句子二:浪潮越来越近,犹如千万匹白色战马飞奔而来。

句子三:浪潮越来越近,犹如千万匹白色战马齐头并进,浩浩荡荡地飞奔而来。

(第一句把意思说完整了,第二句写出了颜色和数量,第三句更具体地写出了大潮发出的巨响和浩大的声势。作者运用了比喻的修辞手法。)

③作者还用了什么样的写作方法,让读者感受到课文的层次分明?

(按照潮来之前、潮来时、潮头过后的顺序来写。)

④关注作者对观潮人的神态、动作描写,如"人山人海""昂首东望""人声鼎沸""踮着脚""又沸腾起来",从中体会观潮人的惊喜之情,运用衬托之笔从另一个角度体会钱塘江大潮之奇。

(5)教师小结学习方法。读文标画奇观奇特之处,品读语言,体会作者表达之妙。

板块二:迁移方法,引导学习壮丽峡谷

(1)钱塘江大潮被称为天下奇观,雅鲁藏布大峡谷的称号又是什么呢?

(2)她为什么被称为"世界第一的壮丽景观"呢? 作者介绍了雅鲁藏布大峡谷怎样的人文景观?

(3)读文体会壮丽景观:地形奇特,自然风光奇异,生物资源奇丽。

(4)引导学生体会作者的写法。

①地形奇特:作者用非常具体、准确的数据来证明雅鲁藏布大峡谷是

世界第一的大峡谷。结合理解"不容置疑"。

②自然风光奇异:作者反复用"从……到……"的句式,使读者形象地感到大峡谷的雪山冰川和原始森林范围广大,形态多样,进而感到大自然的神奇。

③生物资源奇丽:凌空展开的一幅神奇美丽的画卷,无愧于"植物类型博物馆""动物王国"的美誉。

(5)对比两篇课文,加深主题认识。

(两处自然景观各有特点。)

板块三:拓展应用,自学体会火烧云的绚丽和张家界的迷人

自学课文完成以下学习单:

课文	景观奇妙之处	表现奇观的语句	作者的写法
火烧云	颜色极多	一会儿……一会儿……	排比句式
	形状丰富	课文第四至六段	动态描写 动静结合描写
	变化极快	两三秒钟,一转眼……	
迷人的张家界	金鞭岩 黄狮寨 金鞭溪	有的……有的……	形象的比喻句

板块四:对比总结,体会自然奇观,感受自然奇妙

(1)我们学到了几处自然奇观,分别奇妙在何处?用自己的话分别说一说。

(2)读到这样的自然奇观,想象奇丽的画面,你有何感受?

(3)作者分别使用了怎样的写作方法向我们展现了奇丽的自然景观?我们如果描写一处自然景观,应该运用什么样的写作方法?请试着用这样的写作方法,描写一个你感兴趣的自然景观。

板块五:总结写作方法

(1)抓住景物特点,分几个方面进行描写。

（2）文章结构："总分总""总分""分总"模式。

（3）写作方法：观察顺序、游览顺序、点面结合、动静结合。

（4）具体生动的描写方法：展开想象，运用比喻、拟人、排比等修辞手法。

【助学反思】

整合是为了促进学生学习更好地发生

本单元的主题是自然奇观。以单元主题整合这样一组文章，可以更加多元地展现大自然的奇观景象，激发学生对大自然的热爱之情。我想只有保证阅读量才能实现情感的熏陶，才会让学生在情感上产生质的升华。更为重要的是，整合这一组文章可以为学生搭建一个学习场，给学生提供宽广的助学舞台，使学生能够掌握学习方法，形成能力，从而提升自己的语文素养。

助学课堂的教学理念是"生学为主，师教为助"，我一直以"教、学、练、用"的教学思路将这样的教学理念落到实处。助学课堂的"教"要改变传统课堂教的理念，不能单纯以传授知识为单一目的，而是要重点落实教给学生学习的方法和技能。当然，我们也要辩证看待当下"以学为主"的课堂颠覆教的价值和作用的教学理念。

在这一组课文中，《观潮》一课是典型的课例，文质兼美，是学生学习的典范。因此在本组课文的教学中，这篇课文理应成为教师教学的重点课例，也就是我们提到的"1+1组"群文阅读中的前一个"1"。这个"1"的确定在这一组课文的教学中具有举足轻重的地位，这样的课例不仅是教的典型，更是学生学习的典范。

教授《观潮》一课时，我重点从"钱塘江大潮成为天下奇观，奇在何处"引导学生品读句子，展开想象，从大潮的声音、形象和气势品味大潮奇观，接着再引导学生从比喻句的运用和描写顺序方面体会作者的写作方法，最后引导学生介绍大潮，让学生内化语言。这样的授课过程教给了学生学习这类文章的方法：读文抓住景观特点，品读句子，展开想象，体会景观奇特，学习语言体会表达方法。

《观潮》这篇课文是教师教学的基点,学生学习课文掌握方法后,接下来就是学习方法的迁移与运用。这是学生初步掌握学习方法后,迁移实践的环节,这一环节学生的学习能力还没有形成,需要教师引导并助力学生学习方法的迁移与运用。《雅鲁藏布大峡谷》这篇课文在本组课文中就承担着这样一个学生学习能力迁移实践的任务。这篇课文的学习落实了"教、学、练、用"教学流程中的"学"。

接下来的两篇文章《火烧云》《迷人的张家界》则承担了学生掌握学习方法后进行"练"的任务。这两篇课文教师放手让学生进行自主学习。经过前两篇课文的学习后,学生已经掌握了方法,这两篇课文的学习就是学习方法的实践篇,只需教师布置学习任务即可。

经历了这一组文本的学习后,学生从不同的角度感受到了大自然的奇观,会产生对大自然的热爱之情。在语文素养方面,学生掌握了学习方法,学习了语言和多种文章的表达方法,具备了语言实践的基础。这些习作方法必须通过读写结合的方式进行落实,只有这样才会让学习所得真正沉淀为学生的基本素养。在此基础上,我结合学生的现实经历和生活经验,让他们进行一次自然景观的描写,进一步落实"用"的环节。

学生经历了这样的学习过程,彰显了组文的价值所在。"教、学、练、用"的教学思路,践行了助学课堂的教学理念,诠释了课程整合是为了学生学习的宗旨,提升了学生的语文能力,发展了学生的核心素养。

(案例提供:李玉玺)

案例二:

壮丽的"自然奇观"
——以《鸟的天堂》为基点的群文阅读教学设计

【组文说明】

《鸟的天堂》是人教版四年级上册语文教材中的一篇文章,是著名作家巴金先生的作品。作者记叙了他和朋友两次经过"鸟的天堂"的所见所闻,具体描写了傍晚静态的大榕树和第二天早晨群鸟活动的景象。宽阔清澈的河流、充满生机的大榕树、活泼可爱的小鸟,构成了一幅高雅清幽的风景画,展示了一派美丽动人的南国风光,表达了作者对大自然生命力的热爱和赞美。选编这篇课文的目的,一是引导学生通过阅读想象画面,感受大自然的和谐美好;二是让学生在读中感悟作者细腻、生动的描写方法。

《泉城》是苏教版四年级上册语文教材中的一篇文章。文章介绍了泉城最具特色的自然景观,赞美了泉水的奇丽,抒发了作者热爱大自然的思想感情。本文是写景状物的文章,作者在细致观察的基础上,用优美的语言将奇异的景观准确而又形象地描写了出来。

《九寨沟》也是苏教版四年级上册语文教材中的一篇文章。课文以生动的笔触饱蘸着对祖国河山的一片深情,精心描绘了九寨沟奇丽美妙的自然景观。文章的第三、四自然段如数家珍地描写了九寨沟奇丽原始的自然风光和生活在那里的珍禽异兽。通过朗读这些生动的文字,学生能够感受到这些优美的画面。

【设计理念】

这三篇课文组在一起构成一个学习整体,文章主题相同,表达方式相近,便于学生学习能力的迁移。《鸟的天堂》是一篇经典文本,是学生学习的典范之作,因此它是该组文本的教学典范。《泉城》和《九寨沟》两篇课文内容浅显,语言优美,适合学生学习能力的迁移与运用。从三篇文章的表达方式来看,尽管每篇文章表达各具特色,但是在作者细腻、生动、形象的描写方法上具有异曲同工之处:抓住事物特点,展开想象,采用比喻、拟人的写作手法进行描写,勾勒出一幅幅美丽的画面。

【助学目标】

1. 学会课文中出现的生字、新词,积累文中优美的词句。

2. 边读边想象画面,感受作者所描绘的事物,体会作者热爱大自然的感情。

3. 学习作者抓住景物特点进行描写的表达方法。

4.尝试运用学习到的写作方法,描写熟悉的景观。

【助学过程】

板块一:精读《鸟的天堂》,引领学生掌握学习方法

(1)从课题入手:天堂指什么? 鸟的天堂又是什么样子的呢?

(2)找出课文中几处带有"鸟的天堂"的句子。

师:这几处写到的鸟的天堂在形式上是否一样?

生:课文中有的鸟的天堂带引号,有的不带引号。

师:这两种表达包含的意思是否一样呢? 请你读读课文想一想。

生:带引号的鸟的天堂指的不是真的天堂,而是指那一株大榕树,不带引号的就是指鸟儿自由自在生活的地方。

师:那么请你再读刚才找到的句子,试着把带引号的鸟的天堂换成一株大榕树,读读看句子表达是否正确。

(生读文。)

(3)引导学生学习作者第一次描写大榕树的方法,读课文的第五至九自然段。

①引导学生抓住事物特点。

师:默读课文第五至九自然段,想一想作者描写了大榕树的什么特点,画出相应的句子。

(生自主学习。)

学生交流:

生1:枝干多、根多。我是从这个句子中知道的:我有机会看清它的真面目,真是一株大树,枝干的数目不可计数。枝上又生根,有许多根直垂到地上,伸进泥土里。

生2:叶子多。我是从这个句子读懂的:那么多的绿叶,一簇堆在另一簇上面,不留一点儿缝隙。

生3:生命力强。我是从这个句子读懂的:那翠绿的颜色,明亮地照耀着我们的眼睛,似乎每一片绿叶上都有一个新的生命在颤动。

师:榕树的枝干多、根多、叶子多、生命力强,如果用一个词来概括榕树的特点,那就是——

生:茂盛。

②引导学生学习表达事物特点的方法。

师:榕树如此茂盛的特点,作者是怎么描写的,又是怎样在你眼前展现出这样一幅画面的?

生:作者描写的时候,先从远处观察,然后又逼近榕树,这是"由远到近"的写作手法。

师:除了这样一种写作方法外,作者还抓住了事物特点进行了生动描写,如课文的第八自然段,我们一起读一读,看看作者用了什么样的写作方法。

(生读文。)

生:这是作者展开想象进行的细致描写,让我们感受到了榕树的茂盛。

(4)迁移学习方法,学习作者第二次描写大榕树的部分,读课文第十至十四自然段。

师:我们用刚才的学习方法,即读文抓事物特点,抓重点句体会表达方法的学习方法,来学习作者第二次描写"鸟的天堂"部分。

(生自学课文交流。)

鸟的天堂的特点:鸟多,鸟生活得自由快乐。

表达方法:点面结合,先从到处是鸟声和鸟影、鸟的不同姿态及眼睛应接不暇写鸟的多和快乐,然后再重点描写一只画眉鸟,从点上描写事物的特点。

(5)整体回顾,诵读文本,内化语言。

(6)总结学习方法:读文抓事物特点,抓重点句体会表达。

板块二:迁移学习方法,自主学习课文《泉城》《九寨沟》

(1)学生自主学习课文,完成学习单。

(2)小组合作交流、全班交流,完成学习任务。

课文	描写对象	事物特点	表达方法	相关语句
泉城	珍珠泉			
	五龙潭			
	黑虎泉			
	趵突泉			
九寨沟	自然景观			
	珍禽异兽			

板块三：体会文本表达，学习写作方法

师：三篇课文中作者都非常好地运用了细腻、生动的描写方法，让我们体会到了一幅幅美好的画面，我们来看看作者都是怎么描写这些画面的。

生：作者展开想象具体描写。

句子一：榕树正在茂盛的时期，好像把它的全部生命力展示给我们看。

句子二：那翠绿的颜色，明亮地照耀着我们的眼睛，似乎每一片绿叶上都有一个新的生命在颤动。

句子三：在阳光的映照下，那珠串忽聚忽散，忽断忽续，忽急忽缓，仿佛有一只神奇的手把它们拎到了水面上来。

句子四：由此形成一道道高低错落的瀑布，宛如白练腾空，银华四溅，蔚为壮观。

句子五：也许，你还会看见一只行动敏捷的小熊猫，从山坡跑下谷底，对着湖面美滋滋地照镜子。

生：作者使用了比喻句。

句子一：大大小小的湖泊，像颗颗宝石镶嵌在彩带般的沟谷中。

句子二：九寨沟真是个充满诗情画意的人间仙境啊！

句子三：泉水从地下往上涌，好像一串串珍珠。

句子四：泉池正中有三股比吊桶还粗的清泉，"咕嘟咕嘟"地从泉底往上冒，如同三堆白雪。

生：还用到了排比句式。

句子一:我们继续拍掌,树上就变得热闹了,到处都是鸟声,到处都是鸟影。大的,小的,花的,黑的,有的站在树枝上叫,有的飞起来,有的在扑翅膀。

句子二:这些泉有的白浪翻滚,好像银花盛开;有的晶莹剔透,好像明珠散落;有的声音洪大,听起来如虎啸狮吼;有的声音低细,听起来如秋雨潇潇。

师:作者就是运用了这些修辞手法做到了细腻、生动的描写。我们在写作的过程中可以学习使用。

【助学反思】

语文课应该向数学课学什么

近日,在集体教研活动的交流中,大家都发现了一个有趣的现象:语文老师基本上能够听懂数学老师的课,能够听懂数学老师的教学思路,理清教学流程,可是大部分数学老师却听不懂语文课,能够听懂的也是富有水平的语文老师所讲授的课。这样的现象不禁引发了我的思考:出现这种现象的原因除了学科之间存在差异外,一定还有其他的缘由。究竟是什么原因造成了这样的怪象呢?

从以往的听课经验来看,一堂完整的数学课不外乎如下教学流程:创设所学数学知识的生活情境,学生自主探究形成解决问题的能力,提供学生学知识或形成数学能力的练习机会。教学思路非常清晰,课堂的教学目标也非常明了,即习得某种数学知识。这样清晰的课堂教学流程让人想听不明白都很难。

但是再看看我们的语文课堂,一节课设定的教学目标至少有三个,更有甚者都不知道所执教语文课的教学目标是什么。保守的教学流程一般为:导入新课,整体感知,识字教学或词语教学,精读课文指导学习。从环节上看似乎也很清晰,可是到了最后一个环节就出问题了,学生跟着教师的思路一会儿体会文本内容,一会儿理解词句意思。学生学习课文内容就像猜谜一样,云里雾里不知所措。至于课文内容学到什么程度,没有标准,仁者见仁,智者见智。甚至有些教师因文本解读不到位或者过于追求解读的个性,学生就被带离了语文学习轨道。别说听课者糊涂,恐怕连学生也是混沌不解。

解读、挖掘课文内容究竟目标何在?有些教师纯粹将语文课当成了解决一个个问题的非语文课,把该学的语言文字在挖掘课文内容的过程中丢掉了。大部分语文课都迷失在了课文内容的教学中,因此,很少有语文学科之外的老师能听得懂语文课,不是因为他们外行,而是我们没有给他们呈现出一个清晰的教学思路。

对比了语文课与数学课的区别后,我想,我们的"1+1"助学课堂必须要有明确的教学目标、清晰的教学思路。前一个"1"的教学目标就是教给学生符合这篇文本特点的学习方法,后一个"1"的教学目标就是学生学习方法的迁移与运用。在不同的"1+1"助学课堂中,两个"1"的教学目标可以根据课型确定,但必须做到清晰可行。就本组课文而言,《鸟的天堂》这篇课文的教学目标定位为让学生掌握抓住事物的特点,在仔细观察的基础上进行细致描写的方法,后面的文章就是这种方法的练习与运用。这样一组课文从学习作者生动描写的方法入手,在综合对比中强化了写作方法,为学生学习和运用语言打下了基础,是学生学习能力形式,进而内化为自身素养的文本载体。

(案例提供:李玉玺)

案例三:

走近叶圣陶
——以《爬山虎的脚》为基点的群文阅读教学设计

【组文说明】

人教版四年级上册语文教材第二组的主题是观察和发现。《爬山虎的脚》是叶圣陶先生的一篇散文,选编本篇课文的目的一是让学生体会作者是怎样细致、连续地观察事物的,从而培养学生认真观察事物的兴趣和习惯;二是学习作者是怎样把观察到的事物具体、有序地写下来的,并体会作者怎样用准确、生动的语言写出它的特点的。本文散淡的语言、恬静的笔法、恰如其分的描写,足以成为学生学习和运用语言的典范。尤其是其中闪现的对事物细致观察的习惯,给了我们深刻的启示。

《三颗银杏树》是西师大版四年级上册语文教材中叶圣陶先生的一篇散文。这篇散文中作者用儿童的语言描写了自己家屋后空地上的三棵银杏树,按照四季的顺序描写了银杏树的干、枝、叶、花、果,同时描写了银杏树在不同的季节带给自己的快乐,字里行间流露出作者对家乡和家乡银杏树的喜爱。

《牵牛花》是人教版同步阅读中的一篇叶圣陶先生的散文,记叙的是作者在庭院种牵牛花的情景,但文中并没有具体描绘花朵的美丽,而是把观察点落到了牵牛花那不被人注意的"嫩绿的头"上。文章节选的就是作者描写"嫩头"的部分,这部分写出了牵牛花的"生之力"。文章篇幅短小,不足一千字,却真切细致地写出了种花、赏花的乐趣,字里行间无不流露着作者对生活、对自然花草的热爱,写出了平淡生活之"味"。

【设计理念】

围绕着"学会观察"这一单元主题,整合叶圣陶先生的三篇文章,我觉得组文的意义不仅在于深化单元主题教学,更在于品味叶圣陶先生文章的语言魅力,并通过语言文字来品悟叶圣陶先生的人生境界。

叶圣陶先生是语言大家,他的文章语言别具魅力,平实、质朴、弃尽浮华,如话家常。朴素平实的文风在文章《爬山虎的脚》开篇即彰显:"学校操场北边墙上满是爬山虎。我家也有爬山虎,从小院的西墙爬上去,在房顶上占了一大片地方。"在文章《牵牛花》中这样写道:"瓦盆排列在墙脚,从墙头垂下十条麻线,每两条距离七八寸,让牵牛的藤蔓缠绕上去。这是今年的新计划,往年瓦盆是摆在三尺光景高的木架子上的。"在文章《三棵银杏树》中又有这样的体现:"我家屋后有一片空地,前边和右边沿着河,左边是人家的墙。"朴实自然、平和亲切,一如农家口语,娓娓道出,好像读者也可模仿"操作",拉近了文本和读者的距离。

叶圣陶先生语言的魅力还在于精细而又准确传神的描写。在《爬山虎的脚》一文中描写爬山虎样子时,他这样写道:"一阵风拂过,一墙的叶子就漾起波纹,好看得很。"此句作者用词可谓精准,作者说是"漾"而不是"荡",说是"波纹"而不是"波浪"。我们试想,爬山虎的叶子与茎的距离只有叶柄之长,茎又被它的脚牢牢地巴在墙上,叶子自然不可能荡起层层波浪。由此可见,这是多么精细而准确的描写啊。

另外,在描写爬山虎是怎样往上爬时,描写也很精准。作者运用拟人的手法,抓住一连串的动词"触、巴、拉、贴":爬山虎的脚一触着墙就会巴住,一旦巴住墙就把嫩茎拉一把,让它紧贴在墙上。然后作者又运用了"一脚一脚地往上爬",描写了爬山虎不断往上爬的样子。我们仿佛看到了爬山虎正扑哧扑哧地往上爬的样子。"一脚一脚"又让我们体会到了爬山虎每爬一脚需要一定的时间和过程。语言品到这里,我们不禁再次惊叹叶圣陶先生的语言表达艺术。

像这样的语言艺术同样也体现在了另外两篇文章中,如《三颗银杏树》中,作者这样描写:"三棵银杏树就站在那里。一棵靠着右边,把影子投到河里。两棵在中央,像两个亲密的朋友,手牵着手,肩并着肩。"从这个比喻可以看出作者多么喜欢这些银杏树啊,仿佛他们彼此爱恋一般。再如,文章《牵牛花》中作者这样描写:"今年的叶格外绿,绿得鲜明;又格外厚,仿佛丝绒剪成的。"寥寥数语,一个贴切简洁的比喻,写出了生长之叶的质地和生机。"嫩绿的头看似静止的,并不动弹;实际却无时不回旋向上……缀一两张长满细白绒毛的小叶子,叶柄处是仅能辨认形状的小花蕾,而末梢又有了绿豆般大小的一粒嫩头。"作者生动形象、细致入微地描述如婴儿般柔嫩的初生花蕾,让我们也能感觉到作者惊喜又深情的注视。这一处写得如此逼真、传神,是因为作者不是为写景而写景,而是把对"手种之花"的喜爱、呵护之情渗透在里面,因而有很强的艺术感染力。

叶圣陶先生说,写作就是生活。三篇文章每篇都在千字左右,但作者描绘出了力从脚底起、踏踏实实的爬山虎,刻画出了牵牛花小小的嫩头却极具顽强生命力的精神等。无论是牵牛花、爬山虎还是三颗银杏树,都体现了作者积极向上的生活态度,字里行间无不流露着作者对生活、对自然花草的热爱,写出了平淡生活之"味"。只有热爱生活,富有生活情趣的人才能写出这种生活滋味与情调。如此看来,仅由一篇文章是难以让学生品味到大师的语言艺术,也难以品悟到叶圣陶先生的积极人生境界的,组文的意义也就在此。

【助学目标】

1. 学会文章中出现的生字及相关的词语。

2. 正确、流利地朗读课文,并背诵相应的段落,品悟语言、积累语言。

3. 理清文本的叙述顺序,学习作者准确、生动描写事物的方法。

4. 学习作者细致观察、连续观察的方法。

【助学过程】

板块一:学习观察,走进文本

(一)抓住主题,整体感知课文

师:同学们,我们阅读了叶圣陶先生的三篇课义,重点阅读了《爬山虎的脚》一文,请你们想一想作者为什么能将笔下的事物如此生动、具体地展现在我们面前。

生1:从这三篇课文来看,作者首先做到细致观察事物,把观察到的事物进行了描写。

生2:作者不但能够细致观察事物,而且还能够做到连续观察,这样就把事物的变化写明白了。

师:那么我们到课文中看看作者分别仔细观察了哪些方面。首先我们看《爬山虎的脚》一文。

生1:作者在描写爬山虎叶子的特点时做到了细致观察,看到了叶子是叶尖一并朝下,并且是均匀铺开的。

生2:作者描写爬山虎的脚时,对脚的位置、形状和颜色做到了细致观察。

生3:作者描写爬山虎脚的变化时进行了连续观察,观察到了触着墙的如何变化,没有触着墙的又如何变化。

（二）拓展运用,强化观察方法

师:那么其他两篇课文中,作者运用的这两种观察方法体现在哪里?

生1:《牵牛花》一文中作者细致观察了牵牛花的藤蔓和牵牛花的嫩头。

生2:《三颗银杏树》一文中作者分别观察了干、枝、叶、花和果的特点。

板块二:品读文本,体会语言艺术

（一）品读文本,体会作者语言艺术

1. 感悟作者语言特点之一:朴素平实

师:叶圣陶先生是一位伟大的语言艺术家,他的语言朴实自然、平和亲切,一如农家口语。在这三篇课文中,你觉得哪些句子体现了这样的特点? 请你快速浏览课文并标画出来。

（生自主学习,交流汇报。）

生1:《爬山虎的脚》中作者开头这样写:学校操场北边墙上满是爬山虎。我家也有爬山虎,从小院的西墙爬上去,在房顶上占了一大片地方。

生2:《牵牛花》中作者写道:瓦盆排列在墙脚,从墙头垂下十条麻线,每两条距离七八寸,让牵牛的藤蔓缠绕上去。这是今年的新计划,往年瓦盆是摆在三尺光景高的木架子上的。

生3:还有,作者在介绍种植用土时说,愿出钱向他买一点儿,他不肯。这简直就是直白的大实话。

生4:《三棵银杏树》中作者写道:我家屋后有一片空地,前边和右边沿着河,左边是人家的墙……三棵银杏树有多大的年纪了,没有人知道。父亲说,他小时候,树就这么高这么大了,经过30年的岁月,似乎还是这么高这么大。

师:作者的这些语言都是我们平时比较口语化的语言,读来让人感觉到亲切而自然,一下子就会拉近了读者和作者的距离。

2. 感悟作者语言特点之二:语言精准,生动传神

师:语言朴实是叶圣陶先生语言的特点,其实他语言的艺术更表现在语言的精准与描写的生动、具体上。请你默读课文《爬上虎的脚》,采用读

书批注的方式来学习课文。

（生自主学习。）

师：我们在学习中会经常使用圈画重点词语，标画重点句子，书写读书感悟的方式，进行批注式读文，下面让我们共同交流你的读书所得吧。

生：作者描写爬山虎叶子的一段较好。作者运用了比喻，把微风吹拂的样子比作成了波纹。

师：我们来读读看，究竟好在何处。请大家对比朗读这两个句子：

句子一：一阵风拂过，一墙的叶子就漾起波纹，好看得很。

句子二：一阵风拂过，一墙的叶子就荡起波浪，好看得很。

（生读句子体会。）

生："荡"比"漾"的动作幅度要大，波浪是海里比较大的浪花，波纹就是水面上比较微弱的痕迹。

师：作者说是"漾"而不是"荡"，说是"波纹"而不是"波浪"。我们试想，爬山虎的叶子与茎的距离只有叶柄之长，茎又被它的脚牢牢地巴在墙上，叶子自然不可能荡起层层波浪。可见，这是多么精细而准确的描写啊。其实，文章中这样精准生动描写的句子还有许多，你发现了吗？

生：爬山虎的脚长在茎上。茎上长叶柄的地方，反面伸出枝状的六七根细丝，每根细丝像蜗牛的触角。细丝跟新叶子一样，也是嫩红的。这就是爬山虎的脚。

师：这一句好在何处？

生：作者说得非常清楚明白。

师：试试看，你能通过读这个句子用自己的笔画出爬山虎的脚吗？

（生绘画，师指一名生在黑板上绘画。）

师：你能说说你这样画的理由吗？

生：首先是脚长在茎上，长在长叶柄地方的反面，六七根细丝像蜗牛的触角。

师：是啊，你看作者描写得多么准确啊，并且一点都不绕，让人一读就明白。

生：作者描写爬山虎怎样往上爬的时候，写得也非常好。

师：那请你把相关的句子读一读。

（生读第四自然段。）

生：作者在这一段中把爬山虎当成了一个人来写，我们读来好像看到爬上虎往上爬了。

师：请大家再读课文，看看作者是运用怎样的写法让你感受到了爬山虎往上爬的。

（生再读文体会。）

生：是作者运用到的一组动词，"触着""变成""巴住""拉一把""紧贴"这样一组动词写活了爬山虎。

师：作者用"一脚一脚地往上爬"，为什么不用一脚脚往上爬呢？

生1：一脚一脚比一脚脚更能体现出爬山虎爬得慢，还有点辛苦。

生2：一脚脚指爬山虎两只脚快速地往上爬，而一脚一脚指爬山虎的茎上长出好多脚，它的脚是一个一个地长出来，长一个向上爬一脚。

师：我们读着仿佛看到了爬山虎正扑哧扑哧地往上爬。"一脚一脚"又让我们体会到了爬山虎每爬一脚需要一定的时间和过程。语言品到这里，我们不禁再次惊叹叶圣陶先生的语言表达艺术。其他两篇课文中这样的描写也有多处，请你们浏览课文做好读书批注，然后在小组内交流。

（生自主学习，小组交流。）

（二）体会表达，尝试运用

师：这样传神的句子是我们学习语言的典型范例，我们应试着记住这些优美的句子。

（生试着背诵。）

师：我们看一段菊花的视频，看后试着用一两个句子写出你的所见。

（生观看视频，试着练笔。）

板块三：感悟内涵，体会人物情怀

师：我们再回头看看叶圣陶先生描写的这三种植物，这样的三种植物，给叶圣陶先生的生活带来了什么？

生1:牵牛花让叶圣陶先生感受到了"生之力"。

生2:爬山虎好像让叶圣陶先生感受到了一脚一脚向上爬的力量。

生3:银杏树带给了作者童年的快乐。

师:作者描绘出了力从脚底起、踏踏实实的爬山虎,刻画出了牵牛花小小的嫩头却极具顽强生命力的精神。无论是牵牛花、爬山虎还是三颗银杏树,都体现了作者积极向上的生活态度,字里行间无不流露着作者对生活、对自然花草的热爱,写出了平淡生活之"味"。只有热爱生活,富有生活情趣的人才能写出这般生活滋味与情调。

【助学反思】

助学课堂:实现关注教师教向关注学生学的转变

叶圣陶先生是语言大师,所写文章不少篇目被选入了中小学语文教材。文章的语言艺术精湛,是学生学习语言的典范之作。然而,仅仅凭借一篇散文让学生体会作者的语言艺术,显然过于单薄。叶圣陶先生说过,写作就是写生活。让学生学习千字左右的小短文,不仅语言艺术的学习无法达成,在文本的内涵上也无法让学生感悟其表达的真谛,难以体会作者的内心情感,故整合叶圣陶先生的三篇课文进行群文阅读就会给学生一个充分学习叶圣陶先生语言艺术,充分了解文本内涵的有效载体。

助学课堂关注学生的学习,要转变传统课堂中关注教师教的理念,从而使课堂教学符合学生的认知规律。在本组"1+1组"群文阅读中,《爬山虎的脚》承担着前一个"1"的重任,是组文的核心,后面的"1组"围绕基点群组《牵牛花》和《三棵银杏树》两篇课文。这样的群文阅读是基于学生学习本质和学生学习需要而形成的。"1+1组"群文阅读课改变了传统单篇文章指向性强、内容单薄、不利于学生展开学习的缺点。本组整合的三篇散文将相关的学习素材串联起来,让学生获得最优的学习载体和完整的学习素材。

在这一组文本中,《爬山虎的脚》引导学生学习作者细致观察和连续观察的方法,后两篇课文成为强化这两种观察方法的有效补充。从品悟作者的语言艺术方面来看,三篇文章都体现了语言的质朴自然和精准传神的表达艺术,学生学习这样的语言艺术仅靠一篇文章的几个典型语句是不可能实现的。因此,助学课堂要实现助力学生学习能力的发展就必须为学生的学习搭建好平台。后两篇文本的学习给学生提供了丰富的语言素材,为学生搭建了一个充分学习的平台。

学生通过三篇课文的贯通学习,一定会对叶圣陶先生的语言风格熟记于心,甚至有些同学会内化为自己的行文风格。传统的教学仅仅是为了完成教师的教学任务,而完成这样的教学任务,其实《爬山虎的脚》一文就足够了。但是,当我们教完了,学生留下的学习痕迹会非常肤浅,也几乎无法形成真正的学习能力,学习素养的积淀也就无法形成。而在以学生的学为中心的助学课堂上,只要教师实施有效的助学策略就能够达成学有所长的目标。

实现关注教师教向关注学生学的转变,是落实助学课堂理念的关键。而在本组课文的整合中,这种观念更为重要。首先,语言的感知与学习,不是凭借教师的讲解和单篇文本的学习可以获取的,感知语言、学习语言需要学生亲身经历更多的语言环境,也就需要教师关注到学生的学,为学生自主学习提供更多的文本载体。通过阅读叶圣陶先生这三篇语言特点鲜明的文章,学生会更深刻地认识到叶圣陶先生的语言风格,感受其语言的朴素与生动,而这些都是通过教师的教无法实现的。

其次,叶圣陶先生观察的仔细与用心也并非一篇文章能够诠释的,所以学习叶圣陶先生观察事物的品质,必须通过多篇此类文本的阅读才能令学生信服和理解,只有学生内心产生了这种感受才会主动将其运用到自己的观察和写作中。当然,对于四年级的学生而言,感受叶圣陶先生这一文学大家的情怀可能有一定难度,但是,学生读的多了自然能够"略知一二",以后再读到叶圣陶先生的其他文本,就会引发自我情感的共鸣。

如果只专注于教师的教,那么教师定会将《爬山虎的脚》这篇课文解析得淋漓尽致,而学生在教师淋漓尽致的讲解中也只能是雾里看花。但在助学课堂理念助推下的这三篇文本的组合,其本身就是将教师的教让位于学生的学,让学生自己亲身经历语言的学习,体会观察的细致,教学目标是在教师教的引导和学生主动学习的过程中实现的。通过这样的方式实现教学目标才是助学课堂最理想的结果。

（案例提供：李玉玺）

案例四：

走进童话世界
——中外童话群文阅读教学设计

【组文说明】

人教版四年级上册语文教材第三单元的主题是"中外童话",围绕这一专题,教材选编了不同作家、不同风格的四篇童话,安排了以读童话、编童话、讲童话、演童话为主要内容的综合性学习。

《巨人的花园》是英国作家王尔德写的一篇童话故事,讲的是一个巨人看到孩子们在自己的花园里玩耍很生气,就在花园周围筑起了高墙,将孩子们拒于墙外。从此,园里花不开,鸟不语,一片荒凉,春天、夏天、秋天都不肯光临,只有冬天永远留在这里。后来,在小男孩的启发下,巨人醒悟了,随即拆除了围墙,花园成了孩子们的乐园,巨人生活在漂亮的花园和孩子们中间,感到无比的幸福。从这篇童话中,我们可以体会到,能和大家一起分享的快乐才是真正的快乐。本文的显著特点是运用对比的方法展开故事情节、揭示道理。文中多处进行了对比,如巨人砌墙与拆墙后花园情景的对比,巨人砌墙与拆墙后态度的对比、感觉的对比等,正是在这些对比中,故事的情节变得跌宕起伏,故事所揭示的道理也自然地显现出来。

《幸福是什么》这篇童话是按照故事发展的顺序记叙的。先讲三个牧童发现树林里一口老泉已经不涌泉水了,他们主动带来锄头、铁锹,疏通泉眼,开沟引水,砌井加盖。再讲智慧的女儿让他们分别寻找幸福是什么。十年后他们对"幸福是什么"有了比较深刻、一致的体会:因自己的劳动给别人带来益处而感到幸福。最后讲智慧的女儿再次出现,她概括了他们的体会,揭示了幸福的含义。故事情节奇异是本文的一大特点。文中"智慧的女儿"突然而来,飘然而去,在文中起到了"魂"的作用,正是这一人物形象,使整个故事变得神秘而有趣,大大增强了文章的可读性。选编这篇课文,除了要揭示幸福的含义外,更在于让学生了解超人体童话在人物形象、故事情节、语言表达上的一些特点。

《去年的树》是日本作家新美南吉的作品,文章讲述了一只鸟儿和一棵树的故事。这篇童话主要通过对话展开故事情节,推动故事的发展。全文一共有四次对话。这四次对话,构成了一个完整的故事,课文所说明的道理也在这四次对话以及后来鸟儿的表现中逐步显现出来。朋友不在了,友情还在,诺言还在,这篇童话情深意浓,带着些许伤感色彩,赞美了高尚的、令人荡气回肠的友情。整篇童话的语言朴实无华,全文没有华丽的词句,用白描的手法写出了鸟儿对树的真挚情谊,略去了鸟儿在寻找朋友过程中和面对灯火时的心理描写,给读者留下了很大的想象空间,在平淡的语言中有一种深挚透明的美。读罢此文,鸟儿对树的那种浓浓深情便跃入脑间,挥之不去。本文属拟人体童话。选编这篇课文的目的,是引导学生体会童话故事所揭示的道理,帮助学生进一步感受童话的特点,特别是拟人体童话在主人公的刻画、故事情节的安排及语言表达上的特点。

《小木偶的故事》这篇略读课文按照事情发展的顺序讲了一个通俗易懂、情趣盎然的童话故事。读完故事,我们不禁会发出和小木偶相同的感叹:在生活中,笑是很重要的,是非常美好的,谁要是不会笑,就无法体验生活的快乐,但生活是复杂的,除了一些高兴的事之外,还有一些伤心的事,不同的事情会引起我们不同的情感态度,要用我们的真情及不同的方式去体验生活,面对生活。本文也属拟人体童话,而且文中对话也比较多。

另外,选编苏教版四年级上册语文教材中的《九色鹿》和人教版同步阅读中的《最棒的还是我自己》《月光下的小汽车》《勇敢的小裁缝》四篇课文组成该主题单元的学习载体。

【设计理念】

学生到了四年级对"童话"这一文学体裁已经非常熟悉了,他们早已在课内外阅读过许多童话。按照人教版语文教材的编排体系,在这里安排一组中外童话其实有它特殊的含义在里面。教材在导读中这样说:"走进奇妙的童话世界,了解童话的内容,品味童话的语言,体会童话的特点……进一步感受童话的魅力。"由此可见,这一组的教学应具有总结、提升的性质,教学时,不仅要让学生阅读一篇篇童话,而且要在此基础上帮助学生建立起对"童话"这种文学体裁的初步认识。

同时,在第三单元的语文园地中以"我的发现"的方式也渗透了童话的特点。基于教材螺旋上升的编排体系,在本单元的学习中应该把学生引向对文本深入的认识,让学生了解童话分为常人体、拟人体和超人体三种类型;还应该在学文中引领学生了解童话这一文体的特点:离奇的故事情节,拟人、夸张的写作手法,幽默、抒情、白描等不同的语言风格,反复回环的表达方式,蕴涵真善美的向往等。

不同的童话具有不同的特点,而采用幻想的手法叙述离奇的故事情节,表达真善美是童话的共同特点,但是每一篇童话在语言风格和表达方式上却又有着自己的特点。这些是学生学习、认识童话的困难所在,因此群组这样的文本就是从童话特点出发结合学生实际,把相关童话知识同一篇篇生动的童话故事紧密联系起来。通过群组的这八篇童话,学生能够从各个角度去认识童话,了解其特点,达成教学的目标。

【助学目标】

1. 按要求掌握课文中出现的相关生字和词语。
2. 有感情地朗读课文,了解课文内容,读懂课文表达的美好向往。
3. 通过学习本组文本初步了解童话这一文体的特点和表达方式。
4. 学习之后尝试利用学习到的相关知识写一篇童话故事。

【助学过程】

板块一:精读《去年的树》初步了解童话特点

(一)整体感知,把握课文内容
(1)检查预习,了解学情。

（2）自由朗读课文，要求读通课文句子。

（3）试着用自己的话说说课文主要讲了什么事。

（二）助力学生体会鸟儿和树的感情

师：一棵树、一只鸟儿、一首歌，多美的画面，请大家一起读。

（生齐读故事的开头。）

师：想一想，鸟儿在什么时候给树唱歌？

生：难过、开心……

师：还有别的可能吗？

（生思考后回答。）

师：那么多的可能，你是凭这段话中的哪个词语看出来的呢？

生：天天。

师：齐读开头，注意把"天天"的味道读出来。

师：多美好的日子啊！（配乐）

当太阳升起，（引读）鸟儿站在树枝上，天天给树唱歌。树呢，天天听着鸟儿唱。

当月亮挂上树梢，（引读）鸟儿站在树枝上，天天给树唱歌。树呢，天天听着鸟儿唱。

当树叶在秋风中飘落时，（引读）鸟儿站在树枝上，天天给树唱歌。树呢，天天听着鸟儿唱。

迎着风，迎着雨，（引读）鸟儿站在树枝上，天天给树唱歌。树呢，天天听着鸟儿唱。

走过冬，走过夏，（引读）鸟儿站在树枝上，天天给树唱歌。树呢，天天听着鸟儿唱。

鸟儿站在树枝上唱着优美的歌，（引读）树呢，天天听着鸟儿唱。

鸟儿站在树枝上唱着夏日小情歌，（引读）树呢，天天听着鸟儿唱。

鸟儿站在树枝上唱着晚安小夜曲，（引读）树呢，天天听着鸟儿唱。

师：从这两个"天天"，你体会到什么？

生1：鸟儿和树是好朋友。

生2:鸟儿和树的感情很好。

师:能把"很好"换个词吗? 鸟儿和树之间的感情怎么样?

生:鸟儿和树之间的感情很深厚。

(师板书:深厚)

师:带着这种感情,再读这段文字。

(生齐读故事开头。)

(三)助力学生品读课文对话,学习语言

(1)自由朗读课文,标画出课文中的四次对话。

(2)分角色朗读对话。

(3)助力学生有感情地朗读对话,采用增添提示语的方式助力读文。

师:每段话当中有一个词提醒了你,你就能够读好,这样的词语叫提示语。我们这个故事有提示语吗? 请你加一加能够表示鸟儿和树心情的词。

(生试着添加提示语。)

师:就这样,日子一天天过去,寒冷的冬天就要来到了。鸟儿离开树,飞到很远的地方去。这对形影不离的好朋友就要分离了,树的心情怎样? 鸟儿的心情又怎样?

(指生朗读加上提示语的对话,板书:难过、认真、爽快……)

师:他们就要分开了,可谁也不会忘记这份约定。

(生齐读对话。)

师:这是一个有关春天的约定。树度过了一个漫长的冬天,鸟儿飞过了千山万水,第二年春天,鸟儿飞回了森林,然而眼前的这一幕却让她惊呆了。

(指名朗读加上提示语的对话,板书:迫不及待、心急如焚……)

师:答案让人揪心,树根告诉她,"伐木人用斧子把他砍倒,拉到山谷里去了"。这时,鸟儿的整个心都提了起来。鸟儿不相信树忘记了他们的约定(引读树和鸟儿的约定)。

师:我一定要找到他,于是鸟儿飞越了山谷,飞越了工厂……

(指生朗读加上提示语的对话,板书:惶惶不安……)

师:听了大门的回答,她更加惶惶不安了,她觉得整个春天消失了,她知道她的朋友已经被切成细条儿,可她依然忘不了去年冬天的那个约定。

(指生读树和鸟儿的约定。)

师:她继续找,夜幕降临了,她多希望小女孩告诉她,她的朋友还在,此时她的心情怎样? 她会怎样问小女孩?

(指生读,板书提示语。)

师:鸟儿对小姑娘的问是她的最后一问。

鸟儿忐忑不安地问女孩,(引读)小姑娘,请告诉我,你知道火柴在哪儿吗?

鸟儿心如刀绞地问女孩,(引读)小姑娘,请告诉我,你知道火柴在哪儿吗?

鸟儿近乎绝望地问女孩,(引读)小姑娘,请告诉我,你知道火柴在哪儿吗?

鸟儿的内心有着如此复杂的感情,她和大树要分别的时候,她——依依不舍。

当树提出约定,她是如此的——爽快;

当鸟儿飞回来,却不见大树时,她是如此的——迫不及待;

当她得知树被拉到工厂时,她是如此的——惶惶不安;

当大门告诉她树被机器切成细条儿,做成火柴时,她是如此的——心如刀绞。

鸟儿对大树的感情是如此的——深厚。

师:带着这样的感情,我们再读这个故事。

(四)助力学生体会童话内涵

1. 体会情感,体会"看"的含义

师:这个故事的结尾有一个细节,很不起眼,是鸟儿唱歌前和唱歌后发生的。一个动作,一个字——看。意味深长地读"看",轻轻地读"看"。

师:鸟儿在看什么?

生:昔日的朋友。

师：是的，鸟儿在默默地看，静静地看，她看着眼前的灯火，思绪万千。它想起来了——

（出示开头第一处对话。）

师：当太阳升起，（引读）鸟儿站在树枝上，天天给树唱歌。树呢，天天听着鸟儿唱。

当月亮挂上树梢，（引读）鸟儿站在树枝上，天天给树唱歌。树呢，天天听着鸟儿唱。

树叶在秋风中飘落时，（引读）鸟儿站在树枝上，天天给树唱歌。树呢，天天听着鸟儿唱。

迎着风，迎着雨，（引读）鸟儿站在树枝上，天天给树唱歌。树呢，天天听着鸟儿唱。

走过冬，走过夏，（引读）鸟儿站在树枝上，天天给树唱歌。树呢，天天听着鸟儿唱。

师：可是，这一切再也回不来了，她仿佛又看见自己站在树枝上唱着优美的歌，（引读）树呢，天天听着鸟儿唱。

她仿佛又看见自己站在树枝上唱着夏日小情歌，（引读）树呢，天天听着鸟儿唱。

她仿佛又看见自己站在树枝上唱着晚安小夜曲，（引读）树呢，天天听着鸟儿唱。

2. 升华主题，书写表达

师：可是这一切再也回不来了，树再也回不来了，火柴也已经用完了，只有火柴点燃的火，还在灯里亮着。看着眼前的灯火，鸟儿一定有心里话想对朋友说。请用"树啊，树啊"开头，写几句小鸟想对树说的话。

（生续写小鸟的话。）

（五）回顾课文，助力学生把握童话特点

1. 语言风格——朴素无华

师：在本篇课文中有没有描写优美的句子？

生：没有，甚至人物对话提示语都没有。

师：这样的语言叙述风格就是这篇童话的语言风格——朴素无华。

师：我们以前读过的《海的女儿》诗意抒情，《皇帝的新装》语言滑稽幽默……所以不同的童话语言风格也不尽相同。

2. 故事情节——离奇、幻想

师：大家再想一想，生活中鸟儿和树真的会产生如此深厚的感情吗？

生：生活中是没有的，但是这样写出来的童话故事非常有意思。

师：这就是童话的另外一个特点，即故事情节离奇，这样才会吸引读者。

师：那么这些离奇的故事情节是不是就是作者不着边际的空想、遐想呢？

生：也不是，故事虽然离奇，但是在生活中都能够找到和故事内容相似或相近的事情，因此这样的想象并不是作者的空想。

师：这是童话所具有的特点，童话中的幻想都根植于现实，是生活的一种折射。

3. 童话的表达方式——拟人、反复

师：童话引人入胜的原因很大一部分是由于作者采用了一些写作手法，在阅读中你发现了什么吗？

生：文中把鸟儿、树、门都当成了人来写，这是拟人的写作手法。

师：这样的童话把事物赋予人的生命色彩来写，叫童话的拟人体。课文中还运用了四次对话，为什么？

生：一次对话无法使故事情节表达清楚。

师：那用两次不行吗？

生：两次小鸟还找不到大树。

师：是啊，这样的写作手法叫反复，运用这样的手法可以让故事曲折生动，达到引人入胜的效果。

板块二：迁移学习《巨人的花园》《幸福是什么》《小木偶的故事》

（一）回顾总结《去年的树》学习方法

（1）读文概括课文的主要内容。

（2）细读课文体会童话的表达方式。

（3）体会童话的内涵。

（二）自主学文，完成学习卡

课文	故事内容	表达方式	表达主题
巨人的花园			
幸福是什么			
小木偶的故事			

（三）学习汇报

1. 引导学生用自己的话概括三篇童话故事内容

引导学生概括课文主要内容：一要抓住重点概括，二要体现课文的叙述顺序。按照事情的发展顺序，做到表达清楚，条理清晰。

2. 表达方式

（1）《巨人的花园》：引导学生从以下句子中体会对比的表达效果。

●对比一：巨人砌墙前后花园的对比

砌墙前——那里，春天鲜花盛开，夏天绿树成阴，秋天鲜果飘香，冬天白雪一片。村里的孩子都喜欢到那里玩。

砌墙后——不久，北风呼啸，隆冬来临，刺骨的寒风吹起雪花……但不知为什么，巨人的花园里仍然是冬天，天天狂风大作，雪花飞舞。巨人裹着毯子，还瑟瑟发抖。

●对比二：巨人第二次赶出孩子前后花园的对比

赶出前——他看到花园里草翠花开，有许多孩子在欢快地游戏。

赶出后——与此同时，鲜花凋谢，树叶飘落，花园又被冰雪覆盖了。

●对比三：巨人态度变化的前后对比

变化前——他见到孩子们在花园里玩耍，很生气："谁允许你们到这儿来玩的！都滚出去！"……可是巨人又发脾气了："好容易才盼来春天，你们又来胡闹。滚出去！"……"喂！你赶快滚出去！"巨人大声叱责。

变化后——小男孩在巨人宽大的脸颊上亲了一下……从那以后，巨人的花园又成了孩子们的乐园。孩子们站在巨人的脚下,爬上巨人的肩膀,尽情地玩耍。

● 对比四:巨人感受的前后对比

没有孩子时的感受——巨人孤独地度过了漫长的严冬。巨人裹着毯子,还瑟瑟发抖。

和孩子在一起的感受——巨人第一次感到了温暖和愉快。巨人生活在漂亮的花园和孩子们中间,感到无比的幸福。

(2)《幸福是什么》:引导学生从三个孩子寻找幸福过程中体会反复的表达方式。

句子一:第一个青年说,"我们分手以后,我就到一个城市里去了,进了学校,学到了很多东西,现在是一个医生。""弄明白了,很简单。我给病人治病。他们恢复了健康,多么幸福。我能帮助别人,因而感到幸福。"

句子二:"我,"第二个青年说,"走了很多地方,做过很多事。我在火车上、轮船上工作过,当过消防队员,做过花匠,还做过许多别的事。我勤勤恳恳地工作,我的工作对别人都是有用的。我的劳动没有白费,所以我是幸福的。"

句子三:"我耕地。地上长出麦子来。麦子养活了许多人。我的劳动也没有白费。我也感到很幸福。"

(3)《小木偶的故事》:引导学生通过故事的发展顺序,体会"运用人物对话和故事环节,反复体会文章感情"的表达方式。

3. 引导学生体会童话的表达主题

抓住文本中的故事情节和重点语句体会。

《巨人的花园》:"噢!是这么回事呀!"巨人终于明白,没有孩子的地方就没有春天。他不禁抱住了那个孩子:"唤来寒冬的,是我那颗任性、冷酷的心啊!要不是你提醒,春天将永远被我赶走了。谢谢你!"

《幸福是什么》:"我很高兴,你们都依照我的话又来和我见面了。"她说,"你们说的话我全听到了。你们三个人都明白了:幸福要靠劳动,要靠很好地尽自己的义务,做出对人们有益的事情。"

《小木偶的故事》:现在,小木偶会哭,会笑,会生气,会着急,也会向别人表示同情和关心了。老木匠说得没错,笑是很重要的。不过,要是只会笑,那可是远远不够的。

《巨人的花园》——分享快乐

《幸福是什么》——劳动创造

《小木偶的故事》——体验生活

板块三:借助知识树梳理,拓展学习《最棒的还是我自己》《月光下的小汽车》《鹿树》《勇敢的小裁缝》

(一)总结回顾

1. 学习方法回顾

读文概括课文的主要内容,细读课文体会童话的表达方式,体会童话的内涵。

2. 主题回顾

从第三组课文中,你分别感受到了什么?

《巨人的花园》:分享快乐;《幸福是什么》:劳动创造;《去年的树》:朋友真情;《小木偶的故事》:体验生活。

(二)自主学习拓展童话,完成知识树

1. 自由阅读文本,理清每篇童话故事内容

这几篇童话里你最喜欢哪一篇? 说说主要内容。

(生交流,师引导。)

《最棒的还是我自己》——充满自信(从小木偶变成橡皮泥小人、陶瓷小人、水晶小人和变回自己的经历中,你想说什么?)——拟人化描写。

《月光下的小汽车》——聪明智慧(从小老鼠菲菲制造小汽车的过程中,可以看出它的智慧。)——故事情节奇异。

《鹿树》——温馨关爱(一只奔跑的鹿,为什么会变成一棵会跑会跳会唱歌的树呢?)——美好的向往。

《勇敢的小裁缝》——机智可爱(面对强大的巨人,小裁缝却一次又一次战胜了他,这是为什么呢?)

2. 片断分享,精彩赏析

师:读了这四篇童话,老师相信肯定有一些地方打动了你,能谈一谈或

者讲一讲,然后告诉大家为什么吗?(要求:在汇报之前,请你先说说是哪篇文章的什么地方打动了你。)

《最棒的还是我自己》——小木偶变成橡皮泥小人、陶瓷小人、水晶小人等,这是童话故事情节的反复。"最棒的还是我自己。"小木偶对自己说,"因为我不怕摔,不怕晒,还能游泳。"——充满自信

《鹿树》——小鹿走到哪里,哪里都会投来羡慕的目光。大伙说:"多有趣呀,一棵会跑会跳会唱歌的树。"——温馨关爱

（三）主题拓展

（知识树）

【助学反思】

推开一扇窗,洞见一片天

在助学课堂中我们提倡"生学为本,师教为助"。在这种助学课堂中,教师"教"的地位不能撼动,只是要求我们改变教的理念,转变传统单纯教知识的思想。我认为年级越低的学生,学习能力越有限,也就越需要教师的教,需要教师传授给他们学习方法,帮助他们形成学习能力,其实这正是"1+1"助学课堂中前一个"1"的使命所在。

这一组群文阅读是一个非常好的例子,以一组童话为基点,为学生打开童话的世界。在具体教学中,以《去年的树》为前一个"1",总结出童话的特点,教给学生学习童话的方法,为学生学习童话推开了一扇窗,透过这一扇窗,学生可以看见童话的整片天空。这也是"1+1组"群文阅读与一般群文阅读的不同之处。

一般的群文阅读会以某一个切入点为起点,群组几篇课文,然后把这一组群文作为整体进行学习。这样的群文学习面过大,过笼统,对文章的处理不够细致,对学生学习能力的形成发挥的作用不大,总有"蜻蜓点水"的感觉。因此,必须从前一个"1"开始,夯实学生需要掌握的方法,当学生形成能力后,再给学生提供一个学习方法练习使用、能力迁移巩固的学习载体,也就是群组的文本。这样的群文阅读是基于学生学习本质和学生学习需要形成的。

"1+1组"群文阅读课改变了传统单篇文章指向性强、内容单薄、不利于学生展开学习的缺点,将相关的学习素材串联起来,并与生活紧密结合,进而产生有意义的关联和融合,让学生获得最优的学习载体和完整的学习素材。

以篇为单位的教学,知识点、能力训练点都散落在每一篇课文中,是零散的、琐碎的、单一的,有的能力点在这篇文章中体现,但在另一篇文章中却得不到体现,或这篇课文重点训练这个,那篇课文重点训练那个,会出现"打一枪换一个地方"的学习缺陷。学生的能力训练达不到足够的量变,因此就会难以实现质的飞跃。按照学生的学习规律,学生从知识学习到能力形成,一般要经过从领会到领悟再到熟练掌握这样一个过程,而单篇教学往往只让学生走到了学习的第一步便停滞不前。

学生从领会到领悟再到熟练掌握,继而形成内在的能力,需要一个量的积累和一个一脉相承的学习和实践载体。基于这种学习能力的形成过程,"1+1组"群文阅读课彰显了独特的优势:前一个"1"保障学生达到领会的境地,后一个"1组"为学生从领会到领悟再到熟练掌握提供了量的保障和充分的实践机会。

童话的特点绝对不是一篇两篇课文的学习就能让学生体会和掌握了的。按照教材编排内在的能力要求,四年级安排这样一组文本,的确应该让学生从文中提炼出童话的特点。要想让学生达到这样的能力要求,必须先理清学生应该在该阶段需要达成的能力目标,然后再借助这样一个群文载体实现预设的目标。

(案例提供:李玉玺)

第四节 "1+1本"读书指导课

语文课程标准要求:"要重视培养学生广泛的阅读兴趣,扩大阅读面,增加阅读量,提高阅读品位。提倡少做题,多读书,好读书,读好书,读整本的书。"由于课本编排的限制,编者无法更多地呈现长篇的文章,只能进行节选,即节选著作的经典之处、点睛之笔。然而想让学生真正地读懂节选文章背后的故事,还需要学生读原著,这就是"1+1本"读书指导课的价值所在。如何从一篇文本中助力学生阅读一本书是这种课型研究的关键所在。"读整本书"一直是叶圣陶先生语文教育思想的重要组成部分。叶圣陶先生主张"整本书阅读",在他看来,指导学生去读"整本书",其意义主要体现在两个方面:

首先,有利于学生养成良好的读书习惯。所谓良好的读书习惯,就是能够按照读物的性质作适当处理,需要翻查的,能够翻查;需要参考的,能够参考;应当条分缕析的,能够条分缕析;应当综观大意的,能够综观大意;意在言外的,能够辨得出它的言外之意;意有疏漏的,能够指得出它的疏漏之处,到此地步,阅读书籍的习惯也就差不多形成了。这样一种读书习惯,光靠一些"单篇短章"的习读,是不能有效地养成的,还得靠学生在教师指导下独立地、一丝不苟地去阅读"整本书",方能收到事半功倍之效。

其次,指导学生读"整本书",还有利于扩大他们的知识领域,锻炼他们的思维能力。一般情况下,"整本书"同"单篇短章"相比,知识的容量要大些,思路的拓展要复杂些,这对发展学生的智力都是十分有利的。"整本书"

负载着丰富的文化信息,在阅读过程中,学生自然会受到文化的熏陶。在阅读过程中,学生品味的语言越多,接受的文化越丰富,受到的影响也就越大。学生发展了语言,训练了思维,开阔了视野,就能够在阅读中获取更多的情感体验。整本书阅读的过程,必然包含智育和德育的因素,并且是始终伴随语言学习过程的。不管是语言所承载的内容,还是语言本身,都具有不可抗拒的美的因素。语言承载的美与语言本身的美同时被学生分享,被学生接受时,学生的审美水平自然也会不断提高。

学生的阅读能力从哪里来?主要应该靠学生的阅读实践。教师试图用分析课文的方法去提高、培养学生阅读能力是行不通的。在以前的小学语文课中,我们错误地把分析课文作为了阅读教学的重点。教师教学生怎么分析课文,这只是语文教师的专业技能,但对学生来说,他要学的不是分析课文,而是读懂课文,熟练地掌握阅读的技能,而这种技能不是分析课文的技能。我们应该让学生在语文学习中经历大量的阅读实践,而"1+1本"读书指导课就是一条有效的实施途径。

据有关专家统计,学生的阅读技能和阅读习惯的培养需要2000个小时的阅读量。那么我们语文教材的阅读量是多少?薄薄的一本语文书,如果孩子从第一篇课文读到最后一篇课文,我想2个小时基本可以读完。也就是说一年两本书,只有6个小时的阅读量,6年的阅读量,也即36个小时,最多50个小时。所以光靠我们这种薄薄的教材来培养学生的阅读技能显然是不可能实现的。阅读教材的阅读量仅约占2000个小时阅读量的1/40,另外还有39/40的阅读量要靠课外阅读达成,即读书、读报、读整本书等。所以整本书阅读对小学生和小学语文教学而言,绝不是一个可有可无的板块,而是我们语文教学的重要组成部分。没有这个部分,学生的熟练阅读技能就无法培养。而且整本书阅读不仅是一种技能培养,还是一种阅读习惯的培养。

"1+1本"读书指导课就是基于学生的阅读技能培养而提出的一种课型,旨在通过文本中一篇经典文本的课例之窗,推开一扇厚重的文学宝库之门。

如人教版五年级下册语文教材《祖父的园子》一文,节选自萧红的长篇小说《呼兰河传》。在《祖父的园子》一文中,我们体会到了作者萧红自由、快乐、无拘无束的童年生活,以及对祖父深深的怀念之情。张祖庆老师在执教这篇课文时,通过引导学生感受"眼中园"到"心中园"再到"梦中园",进而感受萧红在祖父园子中的童趣和无限自由,以及萧红独特的语言表达方式,让学生进一步走近了萧红,慢慢懂得了她心中的那个"园子",领悟到"有自由,生命就有光亮"的人生哲理。有了这样的学文基础之后,再让学生体会她那伴随着苦难、凄婉、悲凉以及温情和快乐的人生历程,就水到渠成了。

对人教版小学中高年级语文教材中的名篇名著做一个初步统计,有如下篇目:《蟋蟀的住宅》选自法国作家法布尔的《昆虫记》;《卡罗纳》选自意大利作家亚米契斯的《爱的教育》;《将相和》选自汉代司马迁的《史记》;《草船借箭》选自古典文学名著《三国演义》;《景阳冈》选自古典文学名著《水浒传》;《猴王出世》选自古典文学名著《西游记》;《小嘎子和胖墩儿比赛摔跤》选自徐光耀的儿童小说《小兵张嘎》;《临死前的严监生》选自我国古典小说《儒林外史》;《"凤辣子"初见林黛玉》选自古典文学名著《红楼梦》;《金钱的魔力》选自美国著名作家马克·吐温的短篇小说《百万英镑》;《少年闰土》选自鲁迅的《故乡》;还有《鲁滨孙漂流记》《汤姆·索亚历险记》中的精彩片段欣赏。这些书籍,都是教师可以深入挖掘的文本,细读探究,授"渔"之余"捕大鱼"。要让学生并不仅仅满足于教材文本的阅读,而要跳出教材,捧起名著,以解阅读之渴,完成"整本书阅读"。

案例一:

以文带本　巧引妙导

——以《蟋蟀的住宅》教学为例

【组文说明】

《蟋蟀的住宅》是人教版四年级上册语文教材第二单元"观察与发现"一组课文中的一篇,该篇课文是19世纪法国著名的昆虫学家法布尔写的一篇观察笔记。文中,法布尔介绍了自己观察到的蟋蟀住宅的特点以及蟋蟀建造住宅的才能。

作者在文章中采用了大量的拟人手法,把蟋蟀比作人,把它的巢穴比作人的住宅,把它的活动比作人的活动,想象非常丰富,语言十分风趣。从课文的字里行间,我们能够感受到作者是通过长期深入细致的观察,才发现了这一昆虫世界中不为人知的秘密。

教材选编本文的目的一是让学生学习作者认真观察事物的方法,二是让学生体会作者是怎样运用富有情趣的语言来表达的。

《昆虫记》是一部描述昆虫的种类、特征、习性和食性的昆虫巨著,同时也是一部富有知识、趣味、美感和哲理的文学宝藏。读者在领略昆虫虫性的基础上,反观社会人生,字里行间洋溢着睿智的哲思和优雅的情致。

【设计理念】

语文课程标准在具体的建议中明确指出:"要重视培养学生广泛的阅读兴趣,扩大阅读面,增加阅读量,提高阅读品味。提倡少做题,多读书,好读书,读好书,读整本的书。"的确,整本的书承载着更丰富的文化信息和知识,进行整本书的阅读意义重大。学生不能再囿于教科书中单篇的课文,这如同把目光放到了一个个互不相通的房间中,故难以领略整个世界的精彩。

因此,针对当下的阅读教学,教师要积极创造条件,做好文与本的有机结合,让学生的阅读从单篇走向整本,这也是我们提倡的"1+1本"读书指导课的教学理念。《蟋蟀的住宅》与《昆虫记》中记录其他昆虫的文章一样,在内容与写法上具有共同特点,故可以通过学习一篇课文进而了解一本书,这样的阅读方法会极大地拓展学生的阅读视野,提升学生有效阅读的质量。

【助学目标】

1. 正确、流利、有感情地朗读课文,读懂课文内容,激发观察自然界的兴趣。

2.体会作者运用生动形象的语言表达具体事物的写作方法。

3.通过阅读整本书体会人与动物的和谐之美以及作者严谨的科学态度。

【助学过程】

板块一:整体感知文本,架起通往《昆虫记》的桥梁

(1)自由朗读课文,看看课文说了一件什么事,请用笔标画出相关语句。

(2)介绍作者法布尔和他的《昆虫记》。

(3)引导学生阅读《昆虫记》目录,让学生指出自己熟悉的昆虫并做简单介绍。

书中向我们描述了一个个有趣的故事:蝉是怎么脱壳,又是怎样唱歌的;螳螂是怎样捕食,又是怎样大战蝗虫的;萤火虫是怎样发光,又是怎样捕捉猎物的;屎壳郎是如何聪明地滚动粪球前进的……

板块二:精读文本片断,感受《昆虫记》的语言特点

(1)蟋蟀的住宅有哪些特点?请同学们浏览课文第二至六自然段。

作者从住宅的选址、外部特点和内部特点三个方面来介绍蟋蟀住宅的特点。

(2)蟋蟀是怎样建造住宅的?请同学们默读课文第七至九自然段,作出标记。

作者从动工的时间、怎样挖掘和不断修整三个方面来介绍蟋蟀是如何精心建造住宅的。

(3)作者又是怎样把蟋蟀的住宅介绍得如此具体、生动的呢?从哪些句子中可以体会出来?

句子一:蟋蟀和它们不同,不肯随遇而安。

句子二:出口的地方总有一丛草半掩着,就像一座门。

句子三:当四周很安静的时候,蟋蟀就在这平台上弹琴。

小结:作者运用拟人、比喻等修辞手法把文章写得具体、生动。

(4)这样的修辞手法不仅仅运用在这一篇课文中,在《昆虫记》这本书中,它也是作者惯用的写作方法。作者为了使表达更准确、更容易理解,还常常列举大量的数字。这样不仅介绍了昆虫的知识,而且还使文章成为了一篇篇优美的散文。作者的文笔精致,就连昆虫脚爪的抖动、触角和触须的抚摸、翅膀的轻颤都描写得细致入微,仿佛把我们带到了一个微观的世界。

板块三:体会文本内涵,激发阅读《昆虫记》的热情

(1)小小的蟋蟀在作者看来具有什么样的精神呢?

句子一:蟋蟀并不是挖掘技术的专家,它的工具是那样柔弱,所以人们对它的劳动成果感到惊奇。

句子二:它用前足扒土,还用钳子搬掉较大的土块。它用强有力的后足踏地。后腿上有两排锯,用它将泥土推到后面,倾斜地铺开。

(引导学生体会蟋蟀吃苦耐劳、追求完美的特点。)

(2)从一只蟋蟀的背后你看到了一个什么样的法布尔?

(引导学生体会法布尔长期观察的执着和严谨的科学精神,重点引导学生体会法布尔对生命的关爱和尊重之情以及对自然万物的赞美之情。)

(3)激发读《昆虫记》的热情。

《昆虫记》中小虫子为了生活、为了生存而进行斗争时的表现简直妙不可言。法布尔以昆虫为友、与自然为伴,他所描写的每一种小虫子都会让你感受到生活中的情趣。这是一本值得好好阅读的图书。

【助学反思】

给学生打开整本书阅读的一扇窗

我把教材中节选的课文看成是引领学生阅读原著的一扇窗,但是引导学生学习这样的文本,也只是将学生带到一座座文学宝库的门口。我们不应该让学生只站在门口张望,更应该引导学生推开文学宝库的大门,去领

略其中的美妙。所以我们应该恰如其分地利用教材节选的文本,教给学生阅读整本书的方法,给予学生打开文学宝库的钥匙。"1+1本"读书指导课中前一个"1"要解决的问题是找到阅读一本书的"窗",把学生带到整本书的"门口",同时还要通过学习这一篇找到阅读一本书的方法,教给学生阅读一本书的钥匙。

《蟋蟀的住宅》这篇课文是法布尔《昆虫记》中的经典篇目,可通过学习这篇文本,激发学生阅读《昆虫记》的兴趣。书中,法布尔用生动具体的语言描绘出了不同种类昆虫的生活特点、习性等。《昆虫记》是一部有关昆虫的伟大史诗,也是一部关于昆虫的百科全书,更是文学宝库中的一座殿堂。如何将学生引到这座华丽殿堂的门口,指引学生打开这座殿堂的大门,使学生从中收获阅读的兴趣、积累阅读的方法、学习表达的技巧、体会作者的情感,是我们需要思考的。而从教材中《蟋蟀的住宅》这篇课文入手,品味语言特点、学习写作方法、了解蟋蟀特点、感悟作者情感,才是实现一篇带一本有效阅读的途径。

学生在《蟋蟀的住宅》这篇课文中了解了蟋蟀的特点,体会到了作者用比喻、拟人等修辞手法将文本写得具体有趣,感受到了作者那种与蟋蟀相通的精神。而在《昆虫记》这本书中对蝉、螳螂、萤火虫等昆虫的描写方法与本文有异曲同工之妙,多种昆虫特点的呈现、多文本的语言熏陶会让学生对《昆虫记》这本书、对作者法布尔有更深刻的认识,甚至反复读完这本书后,学生会对生命有不一样的认识和感悟。通过一篇课文的阅读指导,给学生打开阅读整本书的一扇窗,透过这扇窗,学生看到的将是一片广袤的天空……

（案例提供：李玉玺）

案例二：

于细微之处发现老舍先生的大爱

——走进《名家文学读本：小学生老舍读本》

【组文说明】

《猫》是人教版四年级上册语文教材第四单元"作家笔下的动物"这一

专题中的一篇文章。该文是老舍先生的经典之作。这篇精读课文细致、生动地描述了猫的古怪性格和它满月时的淘气可爱,全文字里行间流露出作者对猫的喜爱之情。

课文先从三个方面具体描述了猫的性格古怪:讲它既老实又贪玩,既贪玩又尽职;讲它高兴时和不高兴时截然不同的表现;讲它"什么都怕",但又那么"勇猛"。这三个方面的表现,看起来相互矛盾,但都是事实,所以说猫的性格实在有些古怪。再讲它小时候十分淘气,表现在:一是刚满月,腿脚还站不稳时就爱玩;二是稍大一点胆子越来越大,也就更加淘气。

选编这篇课文的目的,一是让学生继续感受人与动物和谐相处的美好意境,体会作者对生活的热爱;二是引导学生感受作者用具体事实表现动物特点的描写方法。

《名家文学读本:小学生老舍读本》精选了中国现代著名作家老舍的经典作品50余篇,按主题整合为七编,分别为猫狗花草;不同的地方,不同的风景;幽默不是滑稽;为人子,为人父;笔下那些人;五味生活;有个男孩叫小坡。配图既有名家后人提供的详实丰富的资料照片,又有富含童趣的绘画插图,兼具经典性和可读性,是小学生阅读经典名作的最佳范本。

【设计理念】

"读整本的书"作为语文教学的重要思想,应该在整个语文学习过程中得到重视。整本的书就是"大钻石",而课文就是"小碎片"。多年以来,学生接触到的不是"大钻石",而只是"小碎片",这是目前语文学习的最大问题。

基于此,我们倡导的"1+1本"读书指导课助学课堂的教学理念就是引导学生从单篇阅读走向整本书阅读。这样的教学既可以让教师具备整体观念,进而走出"逐段分析"的误区,为整本书阅读做好观念和能力上的准备,又可以提高课堂效率,使得整本书阅读成为可能。

《猫》选自《名家文学读本:小学生老舍读本》中第一编的"猫狗花草"。老舍先生把小猫、小狗当做自己的孩子,照顾它们,看它们淘气玩耍;把小花、小草视作朋友,待弄它们,看它们花开花落。老舍先生爱自己生活中的酸甜苦辣,爱生活中的一幕幕场景。无论是《猫》一文,还是《名家文学读本:小学生老舍读本》一书,在写作特点、语言风格等方面都有共同的特点。借助一文,走进一本,使学生通过阅读交流获得真正属于自己的体验,这样的阅读会更动人、更持久。

【助学目标】

1. 有感情地朗读课文,背诵自己喜欢的部分。

2. 理解课文内容,在阅读中体会作者是如何把小动物的特点写具体的,品味作者的语言特色。

3. 通过整本书的阅读,感受人与万物和谐相处的美好意境,激发学生热爱生活的情趣。

【助学过程】

板块一:整体感知文本《猫》,引领学生走进《名家文学读本:小学生老舍读本》的阅读天地

(1)自由朗读课文,交流预习,整体感知。

①接读课文,划出两个能概括课文内容的句子。

②交流找到的句子,说说各自的理由。教师根据学生的思考和认识随机引导。

句子一:猫的性格实在有些古怪。

句子二:小猫满月的时候更可爱,腿脚还不稳,可是已经学会淘气。

(2)师生总结:

①老舍先生写的猫的两个特点。(板书:古怪 淘气)

②围绕这两句话,知道课文先写什么,再写什么。

③通过这两句话,了解课文的主要内容。

(3)过渡:这篇有趣的《猫》选自《名家文学读本:小学生老舍读本》,我们的"老小孩"老舍先生最擅长以孩子的眼光和心态来写小猫、小狗、小花、小草等。这本书里还有许多像《猫》一样生动有趣的故事呢,快点打开读一

读吧!

（4）引导学生阅读《名家文学读本：小学生老舍读本》目录，向学生简单介绍本书按主题整合为七编，分别为猫狗花草；不同的地方，不同的风景；幽默不是滑稽；为人子，为人父；笔下那些人；五味生活；有个男孩叫小坡。激发起学生强烈的阅读兴趣后，进入与我们课文相关的第一编，提问："老舍先生还为我们介绍了哪些可爱的小动物？"

板块二：突破重难点，感受老舍先生的语言魅力

（1）猫的性格古怪表现在哪些方面？精读课文第一至三自然段，说一说。

老舍先生从猫的"老实—贪玩—尽职""高兴时温柔可亲—不高兴时一声不出""胆小—勇猛"来表现猫的古怪。

（2）小猫的淘气可爱表现在哪些地方？阅读课文第四自然段，说一说你最喜欢小猫淘气的哪一幕。

（3）引导学生在反复品读中，体会老舍先生朴实、口语化的语言风格和蕴藏于文字背后的对猫深深的喜爱之情。

句子一：说它贪玩吧，的确是呀，要不怎么会一天一夜不回家呢？

句子二：它屏息凝视，一连就是几个钟头，非把老鼠等出来不可！

句子三：或是在你写作的时候，跳上桌来，在稿纸上踩印几朵小梅花。

（4）作者用词的精妙、遣词造句的功力，仿佛使我们如见猫形，如闻猫声，爱猫之情油然而生，与作者的情感产生共鸣。《名家文学读本：小学生老舍读本》一书中，老舍先生的语言生动活泼，读起来流利上口。他幽默风趣，调侃、玩笑、讽刺信手拈来。其中既闪烁着哲人的智慧光芒，又蕴含着孩子的天真稚趣。很多文章让我们莞尔一笑，会心一笑，甚至开怀大笑。喜欢上老舍的语言是很自然的事。

板块三：领悟作者情感，使学生对《名家文学读本：小学生老舍读本》爱不释手

（1）作者运用具体事例生动形象地刻画出猫"古怪"和小猫"淘气可爱"

的性格特点。

句子一:它要是高兴,能比谁都温柔可亲:用身子蹭你的腿,把脖子伸出来让你给它抓痒。

句子二:它还会丰富多腔地叫唤,长短不同,粗细各异,变化多端。在不叫的时候,它还会咕噜咕噜地给自己解闷。

句子三:一根鸡毛,一个线团,都是它的好玩具,耍个没完没了。

句子四:它在花盆里摔跤,抱着花枝打秋千,所过之处,枝折花落。

小结:老舍先生对家里猫的爱如同对儿女的爱,因此无论是古怪还是淘气,在他眼里都是十足的可爱。而且人与猫之间互相信任,和谐相处,创造出一个非常美好的境界。

(2)使学生爱上《名家文学读本:小学生老舍读本》。

对小猫的宽容怜爱如待幼小的孩童,这样饱含情感的语句在《名家文学读本:小学生老舍读本》中比比皆是。这本书包罗万象,老舍什么都写,涉及面特别广,如小花、小草、小猫、小狗、四处的风景、各种手艺、各种场面、各种人物……他的作品向我们传达了一种博大、明朗、健康的爱和对生活的信心、兴趣及乐观、积极的人生态度,篇篇精彩,非常值得我们细细品味阅读!

【助学反思】

如何从单篇走向整本

从语文课本中的一篇文章走向与本文相通的一本书,连接起广泛而自由的阅读,为孩子"打开阅读空间,引入文化之门"是我本次教学的主要目的。苏霍姆林斯基说,让孩子生活在书籍的世界里。借助《猫》一课引领学生阅读经典名著《名家文学读本:小学生老舍读本》,用最好的精神食粮来滋养他们,为他们终生的精神成长和学习打下坚实的基础。

《名家文学读本:小学生老舍读本》引导孩子走近大师,与文学和思想的巨人进行精神对话与交流,在阅读中感受作者的一颗"赤子之心"、对自然生命和人的生命的大爱、对生活的热情、对未知世界的好奇……这些都是与孩子的世界相通的,使孩子在生命发展的起点上占据一个精神的高地,即"站在巨人的肩膀上",登高而远望,相信视野和境界都大不一样,这对孩子一生的发展将会产生深远的影响。老舍先生的语言都来自日常生活的口语,纯净而有味道,使孩子感到亲近,并乐于学习和阅读。

助学课堂倡导的"1+1本"读书指导课中的前一个"1",旨在教会学生通过一篇文章找到阅读一本书的方法,把学生带到整本书的门口,打开学生阅读的天地。后一个"1本",即整本书,负载着丰富的文化信息,在阅读的过程中,学生自然会受到文化的熏陶。学生接受的文化越丰富,品味的语言越多,受到的影响也就越大。学生发展了语言,拓展了思维,开阔了视野,能够在阅读中获取更多的情感体验。

(案例提供:宁 雯 案例指导:李玉玺)

案例三:

打开童话世界的大门
——由《巨人的花园》到《王尔德童话》

【组文说明】

《巨人的花园》是英国作家王尔德的一篇童话故事,讲的是一个巨人看到孩子们在自己的花园里玩耍很生气,于是在花园周围筑起了高墙,将孩子们拒于墙外。从此,园里花不开,鸟不语,一片荒凉,春、夏、秋都不肯光临,只有冬天永远留在这里。一天,孩子们从墙洞爬进来,春天也就跟着孩子们来了,园里立刻变得生机勃勃。当他把孩子们再次赶出花园时,花园又被冰雪覆盖了。后来,在小男孩的启发下,巨人醒悟了,随即拆除了围墙,花园成了孩子们的乐园,巨人生活在漂亮的花园和孩子们中间,感到无比的幸福。从这篇童话中,我们可以体会到,能和大家一起分享的快乐才是真正的快乐。

本文的显著特点是运用对比的方法展开故事情节、揭示道理。文中有多处对比,如巨人砌墙与拆墙后花园情景的对比、巨人砌墙与拆墙后态度与感觉的对比等,正是在这些对比中,故事的情节变得跌宕起伏,故事所揭示的道理也自然地显现出来了。

选编这篇课文的目的,一是让学生在阅读中了解童话中主人公的安排、表达方法的选择等方面的特点,二是让学生明白快乐应当和大家分享的道理。

本课教学的重点是想象画面,体会巨人在行动上和心理上的变化;教学难点是体会这篇童话在表达上的突出特点。

《王尔德童话》中收录了《少年国王》《快乐王子》《小公主的生日》《夜莺与玫瑰》等童话故事,从这些故事中我们能够感受到真实的美和幸福的秘诀,它不同于表象的美和短暂的快乐,是一种深入人心的快乐与宝藏。在王尔德的童话故事中多采用反复、对比等写作方法,故事情节离奇曲折,引人入胜,其中蕴含的真善美的真谛让人记忆犹新,值得人反复思考。《巨人的花园》作为代表,能体现出其他童话故事的写作特点。

【设计理念】

语文课程标准中明确指出:"要重视培养学生广泛的阅读兴趣,扩大阅读面,增加阅读量,提高阅读品味。提倡少做题,多读书,好读书,读好书,读整本的书。"我们都知道,整本书承载着厚重丰富的文化知识信息。因此,学生不再囿于教科书中单篇课文的阅读,不再"一叶障目不见泰山",目光不再被局限于课本上的文本之中,读到的感受和学到的方法不再得不到迁移和拓展。浮于表面的单篇文本阅读达到的是事倍功半的效果,违背了教师教授的初衷。

因此,针对学生学习浮躁、阅读量达不到新课程标准要求等现状,语文教师应该积极引导学生将课本的学习与课外读物有机结合,使学生在课本单篇文本的学习中形成阅读兴趣,进而引导学生走进整本书的阅读,这是课程整合的目的,也是培养学生核心素养的关键途径。《巨人的花园》是《王尔德童话》中在表达方法和表达主题上比较典型的一篇童话故事,所以精讲本篇童话故事,可引导学生感受其中对比与反复的表达方法和曲折的故事情节,激发学生阅读《王尔德童话》的兴趣,进而从童话故事中获得真善美的启迪。

【助学目标】

1. 认识要求会认的字,会写要求会写的字和词语。
2. 有感情地朗读课文,根据课文内容想象故事画面。
3. 体会童话故事的表达方法和曲折的故事情节。
4. 明白童话故事说明的道理。

【助学过程】

板块一:整体感知文本,激发阅读童话的兴趣

介绍作者王尔德和《王尔德童话》,引导学生阅读《王尔德童话》目录,并想象在少年国王、快乐王子、小公主等人物身上发生的离奇曲折的故事,激发学生的阅读兴趣。

板块二:精读文本,感受文本表达特点

(一)助学课文写作方法——对比

师:本文的显著特点是运用对比的方法展开故事情节、揭示道理。文中有多处对比,默读课文找一找。

(学生默读课文,找出文中哪些地方运用了对比的写作方法。)

(助学指导:先读课文,用课文中的话说;再读课文,边读边想象,用自己的话描述;最后通过朗读表现这种情景。)

总结:(1)对比巨人回来前后花园里的情景;

(2)对比巨人醒悟前后的变化;

(3)对比巨人砌墙与拆墙后的态度、感觉。

对比效果:正是在这些对比中,故事的情节变得跌宕起伏,故事所揭示的道理也自然地显现出来。

(二)助学课文写作方法——反复

他见到孩子们在花园里玩耍,很生气:"谁允许你们到这儿来玩的! 都滚出去!"

孩子们吓坏了,四处逃散。

……

可是巨人又发脾气了:"好容易才盼来春天,你们又来胡闹。滚出去!"孩子们听到可怕的训斥,纷纷逃窜。

……

"喂,你赶快滚出去!"巨人大声叱责。小男孩没有拔腿逃跑,却用他那会说话的眼睛凝视着巨人。

反复效果:通过反复写巨人发脾气、孩子们逃跑,让学生感受到了巨人醒悟的过程,更深刻地意识到童话故事所揭示的道理。

(三)助学课文写作方法——离奇曲折的故事情节

师:课文中巨人第三次发脾气——"喂,你赶快滚出去!"巨人大声叱责。按照前两次的惯例,我们猜想这时候小男孩应该拔腿就跑,可是他没有,而且更让人没想到的是这个小男孩是个神奇的人物:这个小男孩在树下一伸手,桃树马上绽出绿芽,开出许多美丽的花朵。这出乎我们的预料和想象。正是这种离奇曲折的情节才更加引人入胜。

板块三:体会文本内涵,感悟文本语言特点

(一)再读课文,划出文中难以理解的、优美的词语

引导学生结合上下文,仔细体会其丰富的内涵及在表情达意上的作用。

纷纷逃窜:"窜"是"乱跑、逃走"的意思,多有贬义,而在课文中用来描写孩子们的行为,则生动地表现出巨人的可怕训斥对孩子们心灵造成的伤害,反衬出巨人的冷酷无情。

洋溢:指情绪、气氛等充分流露。

喧闹:喧哗热闹的意思。

训斥:训诫,斥责。

叱责:用严厉的言语指出别人的错误或罪行。

(二)重点句子理解

(1)小男孩没有拔腿逃跑,却用他那会说话的眼睛凝视着巨人。

"凝视"是指聚精会神地看。小男孩在文中是一个奇异的人物——他

一伸手,桃树马上绽出绿芽,开出美丽的花朵。是他使巨人幡然醒悟,他用眼睛专注地看着巨人,仿佛在跟巨人说着什么。小男孩用他那双会说话的眼睛,给巨人带来了怎样的震撼?巨人从小男孩的眼里读懂了什么?课文中没有写出来,给我们留下了无限的想象空间。但从后来巨人的变化,我们可以体会到,巨人从小男孩的眼里,读出了温情,读出了爱。

(2)唤来寒冬的,是我那颗任性、冷酷的心啊!

"任性"是指放任自己、不加约束;"冷酷"是指待人冷淡苛刻。这是巨人醒悟后说的一句话,他明白了春天不到花园里来的原因:是因为自己太任性了——一次次赶走孩子们;是因为自己太冷酷了——一次次训斥孩子们。他想独享花园里的一切,结果得到的却是寒冷和荒凉。这句话是帮助学生体会童话所揭示道理的一个关键性语句。

板块四:揭示课文主旨,理解童话中折射出的道理

《巨人的花园》这篇童话故事告诉我们,快乐应当和大家分享。《王尔德童话》中的每一个故事、每一个主人公都会给我们很多真善美的启迪和感悟,教会我们很多做人和生活的道理。还等什么呢,快去和里面的主人公打招呼吧!

板块五:《王尔德童话》交流会

(一)讲童话故事

教师引导学生小组内相互讲讲书中的童话故事,然后小组推选代表在班里讲讲书中让自己印象深刻的童话故事,最后选出几位故事大王。

(二)借助课件讲童话故事

有能力和条件的同学可以根据自己阅读的体会,结合网上的相关资料,制作《王尔德童话》课件,在班级里召开读书交流会,通过多媒体向大家展示自己读书的体会和收获。

(三)演童话故事

选择《王尔德童话》中自己感兴趣的童话故事,小组合作编排童话剧。教师指导学生编排,并在班级内表演《王尔德童话》中比较典型的童话或童

话中的典型片段。

（四）童话故事改编或续编

学生的想象力是无穷的，也许他们对《王尔德童话》中的一些故事情节有自己的想法。教师引导学生对自己感兴趣的童话故事进行改编或续编，并在班级内展示，其他同学认真听后，评一评同学们自己改编或续编的童话故事。

【助学反思】

以文带本走进童话

以文带本是"1+1"助学课堂的一种重要形式。本课通过精讲教材中的一篇典型的童话故事，教给学生阅读童话故事的方法，激发学生阅读童话故事的兴趣，将学生领到童话故事宝库的门口，引导学生带着思考打开《王尔德童话》的大门，带着在《巨人的花园》中学到的童话故事的表达方法和感受到的真善美的道理走进《王尔德童话》。

以前学生在读童话故事的时候只是觉得好玩、有趣，但又说不出哪里好玩、有趣，甚至我们发现，到了四年级，很多读书多的学生已经开始读历史类和军事类的书籍，在他们眼里童话故事就像是灰姑娘的水晶鞋，如同善良的白雪公主一样"幼稚"。

童话是儿童世界中一种美好的存在，其中蕴含的真善美的道理能让孩子们的内心世界更洁净，能使孩子们的童年更快乐，能给予孩子们更多的精神保护和精神慰藉。如果学生连读童话的兴趣都没有了，那么通过想象写童话也就成了空谈，美好的童年也将离他们远去。既然教材中继续安排了童话的学习，我们就应该守住孩子们童年的阵地，挖掘出童话中更多的内涵，采用他们喜闻乐见的形式，激发他们阅读童话故事、讲童话故事、演童话故事、编写童话故事的兴趣。孩子们会通过本课的学习，去阅读更多的童话故事来丰富自己的童话世界，起码这段时间他们是在童话的世界里畅游的，是不断接受童话故事真善美的熏陶的。

如果说童话会变成现实，孩子们不会相信，但是当他们领悟到童话故事中邪不压正、正义终将战胜邪恶的道理时,他们会坚信真善美的真谛,正义、善良的种子将在他们幼小、单纯的心中生根发芽。随着时间的推移,他们也许会忘记读过的童话故事内容,但是童话带给他们的心灵震撼将伴随一生,而教学的意义和价值也正在于此。

(案例提供:李光菊　案例指导:李玉玺)

案例四:

爱无国界　用心感受
——走进《爱的教育》

【组文说明】

人教版语文教材从中年级开始安排了一定比例的略读课文,并随着年级升高不断增加略读课文的分量。略读课文略的是教师的教,学生的学是不能略的。所谓"简约而不简单",走向一种粗中有细的智慧是追求。略读课文"自读为主,略而不简"的教学策略,要求大刀阔斧,敢于取舍:略逐词逐段分析,不略重点难点品读;略教师精讲细析,不略学生语言实践;略教师难舍处,不略学生兴趣点。这种阅读策略和学生的自读方法有异曲同工之妙,略读教学是链接学生课内阅读和课外阅读的桥梁。

《卡罗纳》一文,情意深厚,散发着浓浓的爱的气息,打动读者的是人与人之间深厚的爱。文中人物关爱他人时无声胜有声的情意,人物的语言、动作,甚至是一个眼神,都是爱的"生发点"。找准了"点",就能设计有效的教学方式,引导学生学习。全文以"爱"为主线,情境性强,可以使学生在畅所欲言的和谐氛围中,加深理解和体验,受到情感熏陶,获得思想启迪。略读就是把课堂还给学生,把大量的时间和机会留给学生,真正体现以学生为主体,教师只是做精当的点拨和语言表达的示范,使语言文字的训练落到实处。

《卡罗纳》的情感基调、主题思想、语言风格和写作手法是《爱的教育》的一个缩影。《爱的教育》一书以小学生的视角表现小学生的生活,采用的是日记体格式。书中围绕生活中的爱,表现了友情、亲情、爱情、民族情和爱国情等美好的情感,故事贴近学生生活,生动有趣,细腻感人。人物形象生动,采用的语言描写、动作描写、神态描写和心理描写等描写方法,都很值得学生阅读、品味和学习,语言朴实、简单,表达到位。而《卡罗纳》就是《爱的教育》中爱的海洋里的一滴水,折射出整部作品的风貌。"1+1本"一篇带一本的阅读指导课要求管中窥豹,投石问路,引领学生进入整本书的有效阅读。所以《卡罗纳》就是引领学生走进《爱的教育》的钥匙。

在"卡罗纳"的引领下,以"爱"为主线,回顾"爱"、渲染"爱"、捕捉"爱"、感受"爱"、升华"爱"、弘扬"爱",全面接受"爱的教育"。在《卡罗纳》的策略化略读教学中,教师可以渗透对学生阅读兴趣的激发,整合对阅读方法和读书方法的引导,激发学生对日记体等记叙文体的兴趣,触动每个学生敏感的内心,让他们学会发现爱、感受爱、实践爱。

【设计理念】

《义务教育语文课程标准(2011年版)》在具体的建议中明确指出:"要重视培养学生广泛的阅读兴趣,扩大阅读面,增加阅读量,提高阅读品味。提倡少做题,多读书,好读书,读好书,读整本的书。"整本的书负载着更为丰富的文化信息和知识,因此阅读整本书的意义重大。所以课程标准对课外阅读做了一些弹性要求:"教师可根据需要,从中外各类优秀文学作品中选择合适的读物,向学生补充推荐。"

同时,课程标准还指出:"文学作品阅读的评价,着重考查学生感受形象、体验情感、品味语言的水平,对学生独特的感受和体验加以鼓励。""第三、四学段,可以通过考查学生对形象、感情、语言的领悟程度,以及自己的体验,来评价学生初步鉴赏文学作品的水平。"教学评价是教学的风向标,因此当下的阅读教学中,教师要积极创造条件,做好文与本的有机结合,让学生阅读从单篇走向整本,这也是我们提倡的"1+1本"读书指导课助学课堂的教学理念。

《爱的教育》整本书以爱为主题,包含一个个独立又相互联系的日记体小故事,在内容和写法上具有共同特点。借助学一篇(即《卡罗纳》)进而了解一本,这种阅读方法会极大地拓展学生的阅读视野,提升学生有效阅读的质量,激发学生对日记体等记叙文体的关注和热爱。

【助学目标】

1. 正确、流利、有感情地朗读课文,读懂课文内容,激发学生对日记体叙事文章阅读的兴趣。

2. 学习作者运用语言描写、动作描写、神态描写和心理描写等描写方法传情达意的写作方法。

3. 通过阅读整本书,体会人与人的美好情感,学会发现爱、感受爱、记录爱。

【助学过程】

板块一:整体感知,链接《卡罗纳》和《爱的教育》

(1)自由朗读课文《卡罗纳》,看看课文说了一件什么事,有哪些主要人物。

(2)思考"我"(即日记体的叙述者)的作用、"我"与卡罗纳的关系。这件事是发生在"我"身边的事,这样的事还有很多,作者都记录在了《爱的教育》这本书中。

(3)介绍作者和《爱的教育》这本书。《爱的教育》是意大利作家亚米契斯的名著。它是一本风靡世界的书,是一部很感人的书,是一本将爱表现得淋漓尽致的书。书中亚米契斯将生活中的爱心故事记录下来,装订成册。整部小说以一个小学生的眼光审视着身边的美与丑、善与恶,完全在用爱去感受生活中的点点滴滴,让读者感受到只要用心感受,爱无处不在。教师介绍一些本书的权威书评。

(4)了解封面。出示本书不同版本的封面。请你认真看一看书的封面,告诉大家,从书的封面,你了解到了什么?你还想了解什么呢?

(5)先看序言,再读目录。从序言中你了解到了什么?看一下目录,你最熟悉哪些故事,对哪个故事最感兴趣?

板块二：精读片断，感受《爱的教育》的写作特点

（1）浏览课文《卡罗纳》，把能体现出大家对卡罗纳关爱的地方和最让你们感动的地方标画出来。

（2）从这些语句中你体会到了什么？提醒学生及时做批注，不动笔墨不读书，鼓励个性化解读。

（3）作者是怎样把这则日记、这个小故事写得感人，充满爱意的？

句子一：老师就对大家说："卡罗纳的母亲去世了，这个可怜的孩子遭到了巨大的不幸。他明天要来上课，孩子们，你们要庄重严肃，热情地对待他。任何人都不许跟他开玩笑，不许在他面前放声大笑！"

句子二：他面容灰白，眼睛哭红了，两腿站不稳，好像他自己也大病了一场似的。

句子三：我看见母亲在等我，跑过去扑进她的怀抱。母亲把我推开了，她目不转睛地望着卡罗纳。

小结：作者就是运用语言描写、神态描写和动作描写等描写方法，把文章写得具体、生动的。

（4）这样的写作手法是刻画人物、表达情感需要的，它不仅被运用在这一篇课文中，在《爱的教育》这本书中，它也是作者惯用的写作方法。作者为了细腻而准确地表达周围的爱，采用了很多描写方法，这种精细的描写手法也是西方文学著作中的常用方法。

板块三：体会内涵，激发阅读《爱的教育》的热情

（1）从卡罗纳身上发生的故事中，你体会到了什么？同学之间交流。

除了本文写到的同学之爱、师生之爱，整部作品中还有很多种珍贵的感情值得我们去感受。

（引导学生体会作者善于发现和捕捉爱的能力和方法，重点引导学生体会对生活的热爱和对周围人的关爱。）

（2）推荐阅读。向学生推荐一篇故事——《意外事件》，请他们通过目录找到这个故事，认真读一读，然后交流故事的主要内容和阅读感受。

（3）激发学生读《爱的教育》的热情。

师：这部作品人物美、故事美，正因如此，它在世界上拥有众多读者。今天我们只欣赏了它最生动的几个情节、最主要的几个人物、最美的几处景致，它还有更广泛、更深刻的内涵等待我们去发掘。随着年龄的增长、文学修养的提高，再过半年，一年，五年……再读这本书，相信同学们一定会有更多、更深的感受！ 最后，老师送给同学们一段话：

世界上最动人的皱眉是在读书苦思时的刹那，

世界上最舒展的一刻是在读书时那会心的微笑，

让我们拿起书，以书为伴，畅游在多姿多彩的课外阅读中，让课外阅读成为我们终生的承诺！

【助学反思】

从主题入手引导孩子走向整本书阅读

苏霍姆林斯基认为："在童年时期，记忆是很灵活、很敏感的，如果你善于使用它，它就会成为你的第一个助手。学生在早年记住的东西，常常永远不会忘记。"同样，在童年感悟到的爱和感悟爱的方法会让孩子铭记一生，这为增加小学生的阅读量找到了很好的依据。

阅读应以引导、激发孩子的阅读兴趣为起点，唤起孩子阅读的主动性、创造性。而课外阅读作为阅读教学的一种有效手段，是课外语文活动中最重要、普通而经常的形式。《爱的教育》这本书是以日记的形式来记录的，并且是以一个小学三年级学生的口吻来写的，很贴近生活，所以学生阅读起来较为从容，易于接受和理解。学生易于从这本书中捕捉到属于自己的生活，从而把阅读内容和自己的生活紧密联系起来，这样就消除了由于文本陌生而产生的阅读障碍。只有如此，学生才能产生阅读的愉悦感和兴趣，从而扣开阅读之门，走进文学世界。

设计教学过程时，我紧紧抓住这本书的主题——"爱"，从情感入手，在阅读过程中始终围绕"爱"，抓住文中的精彩片段展开，突出了师生之爱、母子之爱、同学之爱、祖国之爱，我自身也努力投入情感，尽可能地把学生带入书中"爱"的境界里。

我努力创设一种开放的环境,让学生选择自己喜欢的人物进行学习、交流、体会,将教师的指导和学生的自主阅读相结合,使教师的作用不再是用各种问题去考问学生的阅读效果,也不是强制要求学生应读什么,不应读什么,而是通过各种方式激发学生阅读的兴趣和思考,指导学生阅读课外书籍。

"1+1本"读书指导课只是助学课堂的一个类型,却能在推动孩子阅读上发挥巨大的作用。今后,我将继续加强宣传,通过家长会、班级 QQ 等方式,让家长明确课外阅读的重要性,积极配合教师督促学生开展课外阅读;积极开展"小手拉大手,同读一本书""我给爸爸妈妈讲故事"等亲子共读活动,鼓励家长与孩子共读一本书,共同探讨书中的每一个话题,使广大家长成为书香活动的倡导者、参与者和建设者,将家庭引入到"热爱图书,享受阅读;热爱母语,享受经典"的行动中来,为孩子创建良好的家庭读书氛围。

(案例提供: 林春晓　案例指导: 李玉玺)

第五节　"1+1实践"综合实践活动课

"1+1实践"综合实践活动课中,前一个"1"为一篇精读课文或一组精读课文,后一个"1实践"是与课文相关的语文综合实践活动。语文课程标准提出:"语文课程是实践性课程,应着重培养学生的语文实践能力,而培养这种能力的主要途径也应是语文实践。"语文综合性学习以提高学生的语文实践能力、语文素养以及培养学生的合作、探究精神为主要目标。语文综合性学习活动更多地关注学生的语文生活世界,将书本世界和生活世界打通,让学生把生活中的资源和书本知识交融,在综合实践活动中综合运用语文知识,整体发展语文素养,形成综合素质,为学生今后的学习和形成终身学习的能力打下基础。

人教版三年下册语文教材中第六组围绕"神奇的科技世界"这个专题

编排,通过本组文章的学习,学生可以获得相关的科学知识,并激发对科学的兴趣。在本组课文中,《太阳》是一篇科普短文,采用了列数字、打比方、作比较等说明方法,介绍了太阳的一些相关知识,说明了太阳和人类的密切关系。这一组课文的教学是"1+1实践"综合实践活动课的最好例子。

教学中,我把《太阳》这篇课文作为前一个"1",首先让学生初步学习说明文,了解课文运用的多种说明方法是本文的重要写作特点,这些说明方法的运用会使一些抽象的或不易懂的知识显得具体、通俗、明了,这样的描写会给读者留下深刻印象。其次是引导学生体会"从不同角度或多个方面来描写太阳与人类的关系,就会让读者感觉描写得更加具体"。

后一个"1实践"中,我设计了"参观市科技馆"的综合实践活动。这次实践活动的目的为丰富学生的课余生活,加强科学技术普及教育,提高学生的科技素质,培养学生对科学技术的兴趣和爱好,增强其创新精神和实践能力,引导他们树立科学思想、科学态度,使他们从小爱科学、学科学、用科学,逐步形成科学的世界观和方法论。

这个实践活动具体的要求,一是查找市科技馆的简介,大体了解科技馆的有关情况和科技馆内的有关设施;二是根据自己的兴趣和爱好,设计自己的参观路线和重点观察体验项目,并草拟出参观的路线图;三是运用我们在《太阳》这篇课文中学到的说明方法和多角度描写的表达方式,试着给大家介绍一种科技现象或科技事物。

学生在实践活动准备阶段搜集了如下信息:东营市科技馆位于东营市胜利大街以东,南二路辅路以南,奥体路以北,总建筑面积约2.4万平方米,其中地上22301平方米,地下1732平方米。科技馆总高度为38.6米,地下一层,地上四层。展厅一层层高6米,二、三、四层层高均为8米,展厅荷载3.5 kN/m²,常设展馆建筑面积约15000平方米,含常设展区、临时展区、影院等。常设展区面积约13000平方米,主要用于室内9个主题展示,包括序厅、儿童科技乐园、探索发现、生命健康、信息技术、交通世界、生态家园、创新未来、市民安全体验,另外拟设置一个户外科普展区。

下面是三年级二班董语含同学参观后写成的小文章：

我的科技馆之旅

星期六，阳光明媚，我们去参观科技馆。到了之后，我们迫不及待地排着整齐的队伍走进了科技馆。

我们首先参观了科技馆的一楼，这里有虚拟的星空，非常美丽。阿姨为我们讲述了火星的相关知识：火星上非常热，人类在上面根本无法生存。还有一个有趣的行星——冥王星，它竟然是躺着转的。紧接着我们来到一楼二厅，这里都是一些关于矿石和煤矿开采的知识。矿石和煤矿的开采需要经过专业人员的准确测量，然后把一种炸弹埋在地下，全部引炸。这种炸弹与战争中用的炮弹有所不同，它需要一起引炸，而不是一个一个地逐渐引炸。引炸后，再让工人叔叔开采出优质的矿石和煤炭，整个过程非常艰辛。

二楼展览馆到了，在二楼一厅阿姨讲的是关于石油的知识。原来自然界中有各种各样的石油，黄的像我们吃的花生油，还有棕色的石油。我们随即又参观了开采石油的模型，其中一个模型边上有许许多多的红色按钮，看起来像一串糖葫芦，有趣极了。其实，这些按钮有不同的指示意义。二楼二厅讲述了石油的发展历史，还有很多关于石油开采者、奉献者的历史文献，以及许多石油工人的奖杯。

全部参观完后，我们在科技馆前合影留念。最后，我们恋恋不舍地离开了科技馆。通过这次参观活动，我感受到科技的力量是无穷的，我们对科技知识的了解也是无穷尽的。我在这次活动中不仅学到了一些科技知识，而且还知道了祖国现代科技的发展变化。在以后的学习生活中，我要更加努力，更多地去了解科技知识，争取长大了为祖国变得更美丽富饶尽自己的一份力量。

语文课程标准指出："综合性学习主要体现为语文知识的综合运用、听说读写能力的整体发展、语文课程与其他课程的沟通、书本学习与生活实践的紧密结合。""1+1实践"综合实践活动课落实了语文课程标准关于综合性学习的目标要求,实现了课内学习与课外实践的有机结合,以及书本学习与生活实践的整合,让学生在实践中综合运用各方面的能力,助力学生综合素养的提升。

第三章 "1+1"助学课堂的实施建议

以学为中心的"1+1"助学课堂是积极适应教育新常态,深化课堂教学改革的成果,它的价值旨在转变学生的学习方式,让真实的学习在课堂上发生,让深度学习在课堂上发生。助学课堂同时也是教师教学理念变革的结果,教师的教不再单纯指向知识层面,而要转向助力学生学习能力的形成,这样的转变对教师的教学提出了更高的要求。如何有效落实助学课堂?本章将从以下几个方面提出实施建议。

第一节 助学课堂要助力学生的发展

助学课堂作为一种课堂教学形式被提出来,它究竟需要哪些基本的理念支撑?到底包含哪些精神内涵,又与其他的教学方法有何不同呢?

一、助力学习是助学课堂的根本任务

助学课堂是助力学生学习的课堂。学生是学习的主体,是课堂的主人,是学习活动的主宰者,课堂上发生的一切行为与活动都应该围绕学生的学习活动展开。教师是"驱牛向草者",要善于发现哪里是水草丰美之地,并知晓用什么样的策略把学生引到此处。

为了更好地推进助学课堂实验,笔者带领团队研究并实施了语文课程整合实验。整合实验以人教版语文教材主题单元为主线,综合北师版、苏教版、S版等语文教材中的好文章,进行重新编排。每一个主题单元分为四个版块:第一版块为精读课文,是该单元的"教本";第二版块为略读课文,是学生的"学本";第三版块为自读课文,是学生的"练本";第四版块为该单

元的综合性学习版块,也就是学生的"用本"。这样以"教、学、练、用"为主线的课程编排,使教师用教材助力学生学习,而并非单纯教教材,同时,学生用教材真正学会了学习,而并非只学到教材的内容。

助学课堂在具体的实践中,第一版块精读课文充分发挥"师助"的作用,落实教师的"教",助力学生学会学习的方法;第二版块略读课文落实学生的"学",助力学习方法的迁移和学习活动的引领;第三版块自读课文落实学生的"练",助力学生能力的巩固和提升。助学课堂通过师助、互助、自助的学习方式,帮助学生将多读、多练、多写的理念落到了实处,完成了知识的掌握、能力的迁移运用和巩固提升。

例如,三年级一写景单元的选编内容为:第一版块选编人教版语文教材中《富饶的西沙群岛》和《美丽的小兴安岭》为精读课文;第二版块选编北师版语文教材中《小镇的早晨》和苏教版语文教材中《西湖》为略读课文;第三版块选编S版语文教材中《锡林郭勒大草原》、人教版语文教材中《香港,璀璨的明珠》和课外阅读中《台湾的蝴蝶谷》为自读课文;第四版块综合性活动内容为我们生活的地方,活动主题设计为"走进黄河口"。

该单元的助学课堂教学模式如下。精读课以《富饶的西沙群岛》为例,学习目标定为:学习作者观察和表达的方法,在充分阅读的过程中领略美丽的自然风光,了解祖国的山河壮美。教学中教师助力学生学习抓重点词句进行品读的阅读方法,初步学习围绕中心句将文章划分具体和总分总的行文结构。精读课上改变以往在内容分析上费事、费劲的教学方式,直指语言文字的运用这一目标,助力学生学会学习的方法。

精读课结束后,学生已经初步掌握了学习该类写景文章的方法,接下来的略读课教师的"讲"就要淡出课堂,重点是迁移学生的学习方法以落实自学,把课堂还给学生,让他们围绕"把景物写具体"这一学习目标展开小组互助学习,充分发挥"互助"的学习方式,然后教师用比较阅读的方式引领学生学习《小镇的早晨》和《西湖》两篇课文。

这样的课堂过滤掉了教师烦琐无效的讲解,让学生习得方法后自主合作学习。在略读课上,教师只关注学习方法有困难的学生,对其进行帮扶即可。有了精读课和略读课的积淀,学生掌握了写景状物的文章要点,最后在自读课上,教师引领学生回顾目标,梳理前几篇课文的主要内容和精彩的语言表达。之后学生在思维导图的辅助下,进行自主拓展阅读《锡林郭勒大草原》《香港,璀璨的明珠》和《台湾的蝴蝶谷》三篇课文,使得课堂上自助学习得以充分施展。

综合性学习版块可安排诵读《饮湖上初晴后雨》、绘制祖国地图并查找我国的风景地点、调查我们家乡的风景等。最后安排的活动是"走进黄河口",学生在教师的指导下展开对黄河口资料的整理与搜集,拟定游览计划。有游览经历的同学可按照春夏秋冬的顺序仿照《美丽的小兴安岭》写篇小文章。

在这样的课程体系中,教师不再是课堂上的表演者,教师的精彩更多地体现在助学上,如教材的重构、教学方式上的迁移等助学环节上,助力学习成为了助学课堂的根本任务。

二、助力创新是助学课堂的基本特征

能够激发学生创新思维和创新能力的课堂首先是一个自由、民主的课堂,是一个师生平等的课堂,只有这样的课堂才会蕴含着学生创新思维和创新能力培养的时机。从另外一方面来说,助学课堂是学生思维活跃、学习创新的课堂,教师在课堂中为学生搭建创新的机会,营造创新的氛围,创生以生为本的高效课堂。

在儿童诗教学中,我采用支架式助学方式为学生搭建想象的平台。教学儿童诗《我想》时,我首先引导学生进行换词仿写"我想把小手安在桃树枝上",让学生思考还可以把小手安在春天的哪个景物上。学生便会放开想,他们会把小手安在迎春花上、柳树梢上、飞舞的风筝上……

整篇课文学习完成后,教师再引导学生总结文章写法,给学生提供创新表达的机会。学生在教师的引导下总结出这首诗的写法:作者是想象着把自己身体的一个器官寄托在春天的一个景物上,然后写出自己的愿望。有了写法作为创作的支架后,再请学生发挥想象,把自己的愿望也写下来,于是就有了学生如下的精彩片段:"我想把眼睛\装在云彩上\看小鸟自由地翔翔\看白云自由地飘荡\飘啊,飘——\实现自己飞翔的愿望。""我想把鼻子\放在紫丁香上\闻着鲜花的芳香\享受着大自然的风光\闻啊,闻——\花香把我带入甜美的梦乡。""我想把耳朵\放在绿油油的草地上\聆听小草的心声\倾听花开的声响\听啊,听——\听出了春天的希望。"

从换词仿写到整段仿写,教师助力学生找准写作的支架,给予学生想象的空间与机会,让学生在教师搭建的平台上放飞想象,课堂收获了精彩,为学生筑起了童诗的梦。助力创新,教师成了"学生的筑梦者"。

三、助力成长是助学课堂的最终目标

助学课堂的最终落脚点是人的发展,它将课堂教学中唯知识为目标转变为以学生发展为目标,教师在助学课堂上就是学生生命的牧者。

近期读到一篇北京亦庄实验小学关于学生元宵节做花灯的文章,以下节选了文章的部分内容:

　　元宵节,我打算让孩子做花灯,从网上找到一种制作花灯的方法,有图有文的那种,打印出来,人手一份。自己对着说明,用早就准备好的材料制作。其实,在我看来,我找的这种做花灯的方法是很简单的,不过是拿两个纸杯,剪出相同的条数,扣在一起,一一对接,粘上即可。但是,我发现,大多数的孩子,是拿过纸杯就剪的,完全不知道统筹考虑应该剪多少。那个扬,把一个纸杯整个剪成了原始人穿的草裙。结果,后来完全无法粘。于是,桌子上慢慢狼藉起来,堆满了孩子们剪坏的纸杯。

　　"这怎么弄啊,完全粘不上嘛。"博把纸杯摔在桌子上。

　　"我知道了,两个纸杯剪得条数应该是一样的。"晨恍然。

　　"可以把两个纸杯套在一起剪。"哲悠悠地说。

　　我冷眼观望,不插话,不着急。南墙,就是用来撞的。只有在南墙上踏踏实实撞一下,人才会老老实实反省,老老实实另想办法。

　　后来交流的时候,很多孩子都谈到了耐心的问题。

就这一个小小的花灯（确切地说，是白灯，因为很多孩子用的纸杯都是白色的，即使有些有花纹，也都是极淡雅的花纹），这些孩子做了三节课。就算这样，有的孩子的灯他要是不说你还真看不出那是个灯！

"老师，我这个花灯可以带回家吗？"孩子拿着他那个一点儿都不花的花灯，问我。

那表情很明显在说：我很丑，但，我骄傲！

我们把所有的"花灯"都很勇敢地挂了出去。

当我读完了这一段文字，眼前浮现出了一个个歪歪扭扭的所谓的花灯，可是就是那些歪歪扭扭的花灯却让我思考了很多。教师没有包办课堂，只是助力孩子完成任务。"南墙，就是用来撞的。只有在南墙上踏踏实实撞一下，人才会老老实实反省，老老实实另想办法。"教师一语让我悟到了助学课堂的真谛：教师需要助的不是知识的积累，而应该是学生的成长与发展。三节课换来了一堆歪歪扭扭的花灯，但非常有价值，这也许就是留在孩子童年中最美好的回忆，也许就是孩子心中最美的花灯。助学课堂上应该发生这样的助学活动，让孩子自由、完整、原生态地成长，眼中不再只盯着成绩与分数。助力孩子成长就是我们教育的最高境界与价值。

助力学习、助力创新、助力成长，是助学课堂所特有的基本理念，也是助学课堂的价值所在。

第二节　助学课堂要夯实教师的教

"1+1"助学课堂，从教学形式上看，前一个"1"主要是指教师的教，后一个"1"则指向了学生的学，"1+1"实现了教与学的有机结合，达成了培养学生学习能力、提升学生素养的教学目标。课程改革提倡自主、合作、探究的学习方式，而本书提出的助学课堂不但不轻视"教"，反而还要夯实"教"的地位。

我们试想,学生要展开自主、合作、探究式学习必须要具有自主、合作、探究的学习能力,否则这样的学习只是形式上的而不是实质性的。学生的这种学习能力的获得离不开教师的教,学生年级越低,这种能力就越低,教师的教就越重要。这是其一,其二我们再从语文学科的特点看,语文教学应该是学生在教师的引导下,凭借教材,通过听、说、读、写的实践活动,在获得知识、能力的过程中,学会学习,受到精神滋养,促进身心健康成长。因此,"教"应该是"学"的保障。

在"1+1"助学课堂中,学生是课堂的主人,是学习的主体,是一切教学活动的出发点和归宿点,这一点毋庸置疑。在新课程理念的指引下,我们提倡的助学课堂赋予了教和学新的内涵,与传统的教和学有一定的区别。在"1+1"助学课堂中,学生学的第一要务不再是单一的获取知识,而是要通过学习知识获得学习能力,学会学习。教师的教也不再是传统的唯知识教学,而是为学生学习而教,为学生学会学习助力。学是教的目的,教是学的保证。在目前的课改理念下我们需要厘清教与学的关系,既不能忽略学,也不能淡化教。

新课程提出学生要进行自主、合作、探究式学习,大家仿佛被这种理念束缚了自己的教学思想。在这样的课改理念指引下,大家不再敢提教师的教,唯恐教师教多了就剥夺了学生自主、合作、探究式学习的机会。但我坚持认为,学生学习方式的转变是非常重要的,也是我们助学课堂的核心所在,但并不是要否定教师的教,而是要改进教师的教,改变传统教知识是唯一目的的理念,提倡教师向着教会学生学习的目标教。另外,学生的自主、合作、探究式学习要在课堂上落实是有条件的。

首先,教师应积极创设适合学生自主、合作、探究式学习的课堂氛围,让学生拥有自主、合作、探究式学习的意识;其次,教师要教会学生自主、合作、探究式学习的方法;再次,教师要培养学生自主、合作、探究式学习的能力。这一系列要求,必须通过教师的教,学生才能想学,能学,会学。学生如果没有相应的方法,不具备自主、合作、探究式学习的能力,则课堂上一切自主、合作、探究式学习都是虚假的,都是伪学习。

学生处于教学双边活动中,并且在教师引导下,自主发现、自主探究、自主质疑、自主发展。对小学生而言,在教学中,离开了教师的引导,他们常常就会嬗变成无所适从、盲目的主体。当"以学定教,先学后教,慕课来袭,翻转课堂"盛行之时,有的教师和专家在强调"以学为主""以生为本"的同时,把教师的"教"置于学习的对立面,仿佛一提到"教",就一定会轻视"学",一提到发挥教师的主导作用,就一定会削弱学生的主体作用。有人甚至认为,教师的"教"就必然是"灌输""注入",是"讲风不息",于是讳言"教",害怕提到"教",以致教师在课堂上该讲的没有讲,该导的不敢导,需要严格要求的地方也忽视了。因此学生学得半生半熟,吃了"夹生饭"。

作为"1+1"助学课堂必须夯实的前一个"1"(教师的教),如果学生没有在教师的助学下,形成学习能力,掌握学习方法,就无法谈及迁移学习,当然也就不存在后一个"1"(学生的学)了。"教"是什么?"教"就是教师在教学中的组织、引导、激发和调控,是学生学习的催化剂,是学生学习发生的助推剂。实践证明,"教"若有方,"学"必多得;"教"不得法,"学"必低效。"学"是"教"的目的,"教"是"学"的保证。"教"与"学"辩证统一于教学活动中,二者相伴而行,互补互促,教学相长。

在南京听了赵志祥老师执教的一首词——《渔歌子》,感触良多。课堂上赵老师从引领学生给画面配诗句,到让学生读文体会诗中声色一体、动静结合的画面,再到理解诗意、借景抒情的方法,最后到诗词的吟诵,每一处都蕴含了教师有效的教。但赵老师的教不是对传统诗词的枯燥讲解,课堂上没教一个词的理解,也没教一句诗的意思,而是教学生学习古诗"诗中有画、画中有诗"的特点,体会古诗"声色一体、动静结合、借景抒情"的方法。教师借助诗中的典故"世外桃源"和作者哥哥的诗句,助力学生体会诗中作者放荡不羁、自由随性的人物性格。课堂上教师没有一句诗译讲解,但诗中人物的形象却跃然纸上。这是教师教的艺术,也是我们"1+1"助学课堂所提倡的教。教是为了助学,为了学生更好地学,教是学的需要。因此,助学课堂一定要夯实教师的教。

综上所述,教与学共存于一定的教学活动之中,二者相辅相成,互促互进,共同推动着教学过程的发展。课堂是学生学习的主阵地,学生学习能力的形成建立在教师教的基础之上,因此,教与学皆不可偏废,重学亦应重教。

第三节 助学课堂要搭建好学生能力迁移的桥梁

"1+1"助学课堂体现了课程整合的理念,凸显了"以学为主,培养学生能力"的课堂内涵。助学课堂丰富了学生阅读的方式,有效提升了语文教学阅读量的积累和语文教学的效率。单篇文章阅读、多篇文章阅读、整本书阅读是人们日常生活和工作中的三种阅读方式,三者不可互相替代。《义务教育语文课程标准(2011 年版)》在教学建议中指出,"应加强对阅读方法的指导,让学生逐步学会精读、略读和浏览""各个学段的阅读教学都要重视朗读和默读"。

当前我们的语文教学,一节课教一篇课文,用大量的时间咬文嚼字、有感情地朗读,关注精读、朗读方法的指导。我们有时需要细嚼品味式的慢阅读,有时也需要整体把握式的快阅读。"1+1"助学课堂使学生不仅加大了阅读量,更重要的是让学生在多篇不同作家、体裁、内容的文章阅读中进行比较归纳、分析综合、深入思考,关注略读、默读方法的指导,这样就为学生学习多样化的阅读方式、培养终身阅读习惯奠定了基础。切实提高"1+1"助学课堂的实效性除了要夯实教师的教,引导好学生的学之外,还必须要搭建好学生学习能力迁移的桥梁。

一、以文章内容为主线,搭建学习桥梁

现行的小学语文教材是以主题组成单元的,一个单元围绕一个主题往往选编四篇课文,为开展"1+1"助学课堂带来了极大的便利。

例如,人教版五年级上册语文教材第六组主题是"父母之爱",课文有《"精彩极了"和"糟糕透了"》《地震中的父与子》《慈母情深》《学会看病》四篇。我们可以先指导学生精读最有特色的课文《"精彩极了"和"糟糕透

了"》,感受别样的父母之爱,体会父母之爱的深沉,习得"抓住人物语言、神态、动作描写,体会人物情感"的阅读策略,再以"父母之爱"为主线,搭建学习其他三篇课文的桥梁;也可以先分课教学,再利用"回顾·拓展"中"交流平台"的提示——"本组课文中,有不少描写人物外貌、动作和语言的语句……读一读课文中这样的语句,体会这些语句好在哪里",上好单元总结课,把单篇课文教学时获得的散乱的知识系统化,完善学生的认知结构,让教材的功能充分发挥出来。

二、以语言训练为主线,搭建学习桥梁

《翠鸟》是人教版小学语文教材中的经典篇目,文中翠鸟那美丽的外形、迅捷的动作给许多读者留下了深刻的印象,也是教师们不可能错过的教学着力点。我们以下面的教学实录为例,看如何以语言训练为主线,搭建学习桥梁。

师:哪个段落是写翠鸟外形的?

生:第一自然段。

师:请把描写翠鸟羽毛的语句找出来。

生:头上的羽毛像橄榄色的头巾,绣满了翠绿色的花纹。背上的羽毛像浅绿色的外衣。腹部的羽毛像赤褐色的衬衫。

师:哪些词语让你眼前一亮?

生:橄榄色的头巾、翠绿色的花纹、浅绿色的外衣、赤褐色的衬衫。

师:这组词语有什么相似的地方?

生:都含有表示色彩的词语。

师:重点比较一下"橄榄色""翠绿色""浅绿色"这三个词语,有什么特点?

生:都有"绿"的意思。

师:很好。"翠鸟"的"翠"也是绿的意思。说到这里,你明白了什么?

生：翠鸟的名字跟羽毛的色彩有关系。

师：聪明。请同学们再来看这幅图片（出示丹顶鹤图），你们认识它吗？

生：丹顶鹤。

师：与图片比对一下，你又发现了什么？

生：丹顶鹤的名字与头顶上的红色羽毛有关系。

师：请看这段描写。

丹顶鹤有一身洁白的羽毛，而脖子和翅膀边儿却是黑色的。它的头顶就像嵌着一颗红宝石，鲜红鲜红的，怪不得人们都叫它丹顶鹤呢。 ——《美丽的丹顶鹤》（苏教版三年级上册语文教材）

（生齐读。）

师：再与文中对翠鸟羽毛和外形的描写对比一下，又有什么收获？

生：这两个片段都抓住了羽毛的色彩，而且还点明了名字的由来。

师：这就叫做"观其色，扣其名，传其神"。还有什么跟翠鸟、丹顶鹤相似的鸟类？

生：乌鸦、黄鹂、灰喜鹊、白头翁……

师：我们可以选择一种，进行一次仿写练习。

教师引导学生从语言文字入手，抓住表现羽毛美丽的"橄榄色的头巾、浅绿色的外衣、赤褐色的衬衫"等重点词语，引导学生理解内容，体会情感，学习朗读，较好地落实了"词语学习、朗读训练"等基础性教学内容。同时，还适时渗透了"比喻"的修辞手法，体现了对"语文知识"这一发展性教学内容的关注。

从阅读理解的角度来看，本节课较好地体现了语文教学的"本体意识"，可圈可点。此课的经典之笔在于让学生以语言训练为主搭建学习的桥梁——以描写羽毛色彩的"橄榄色""翠绿色""浅绿色"等词语为抓手，适时印证它们与"翠鸟"之名的联系；然后出示丹顶鹤的图片，启发学生观其色、思其名;再出示《美丽的丹顶鹤》中的描写片段,在比较阅读中点明"观其色,扣其名,传其神"的写作方法;最后,指导学生将习得的方法迁移到仿写练习中。以语言训练为主线,搭建学生学习的桥梁,不仅理解了文本意义,获取了语文知识,而且还关注了话语形式的存在和语言运用的训练,让学生既得"意"又得"言",从阅读理解走向了表达运用。

三、以文章表达为主线,搭建学习桥梁

反复结构是童话经常采用的一种表达方式,教学中可以以这种表达方式为主线,搭建学生学习的桥梁。例如,先指导学生阅读《小壁虎借尾巴》,理解小壁虎分别向小鱼、老牛、燕子借尾巴的经过,师生共画文章的情节思维导图;再指导学生阅读《渔夫和金鱼的故事》《七颗钻石》《犟龟》一组文章,让学生自己画一画每个童话故事的情节思维导图,引导学生比较思考:这四篇童话故事在情节结构上有什么相同之处? 学生很快就能在比较阅读中发现童话中情节"反复"的表达方式。"1+1"助学课堂以一篇带多篇,教师容易教,学生容易学,可操作性强,能很好地提高教学目标的达成度。

四、以学生能力训练为主线,搭建学习桥梁

"1+1"助学课堂为学生能力发展提供了巨大的优势。以篇为单位的教学,知识点和能力训练点都散落在各个教学环节之中,这样的能力训练点往往是零散的、琐碎的、单一的,有的能力点可能在这篇中得到体现,在另一篇中得不到体现,学生的能力训练往往达不到量的积累。为了使学生的学习形成"领会—领悟—熟练掌握"的规律,以学生能力训练为主线,搭建学习桥梁会取得较好的学习效果。

例如,教学《太阳·石头·风》时,可以先指导学生读两首有关太阳的诗歌,让学生感受诗歌想象的丰富性;再指导学生读两首有关石头的诗歌,让学生在感受诗歌丰富想象的基础上,发现诗歌语言的有趣性;最后引导学生阅读三首有关风的诗歌,让学生充分体会诗歌想象的丰富性和语言的有趣性。这种教学结构,一组一组地呈现文章,学生始终在多个文本共读中进行思考,有利于提高综合分析能力。

五、以同一作家为主线,搭建学习桥梁

为了更好地把握一位作家的写作特点或风格,我们可以以同一个作家为主线,为学生搭建学习桥梁。如人教版五年级下册语文教材中《刷子李》一文,教学中先指导学生理清课文"黑衣上没有白点—黑衣上出现白点—黑衣上的小洞"的情节结构,习得"一波三折"的写作方法;再让学生在大量阅读中充分感受冯骥才笔下的人物形象,体会人物描写的方法,一篇带多篇,提高学生的读写能力。

六、以综合性学习为主线,搭建学习桥梁

基于综合性学习的"1+1"助学课堂,让阅读材料成为探究性学习资源。为了加强语文课程内部诸多方面的联系,以及语文课程与其他课程和生活的联系,促进学生语文素养全面协调发展,《义务教育语文课程标准(2011年版)》在"学段目标与内容"中还提出了"综合性学习"的要求。

人教版小学语文教材从五年级开始,每册教材安排了一个单元的"综合性学习",并提供了多篇"阅读材料"。如六年级上册综合性学习"轻叩诗歌的大门",选编了《诗经·采薇(节选)》《春夜喜雨》《西江月·夜行黄沙道中》《天净沙·秋》《太阳的话》《白桦》等阅读材料。这些阅读材料与课文不一样,不能一篇一篇地教。我们可以运用群文阅读的教学方式,让学生在多首诗歌的比较阅读中,发现诗歌描写内容、古诗与现代诗表达方式、不同诗人表达风格等方面的异同,充分感受诗歌魅力,为学生接下来开展确定主题、搜集诗歌、整理诗歌、编小诗集等实践活动打开思路。

"1+1"助学课堂为学生搭建好学习的桥梁,在某种程度上可以纠正叶圣陶先生所担忧的单篇阅读的弊端:"现在的精读教材全是单篇短章,各体各派,应有尽有。从好的方面说,可以使学生对于各种文体都窥见一斑,都尝到一点味道。但是从坏的方面说,将会使学生眼花缭乱,心志不专,仿佛走进热闹的都市,看见许多东西,可是一样也没有看清楚。现在的国文教学,成绩不能算好,一部分的原因,大概就在选读单篇短章,没有收到好的方面的效果,却受到了坏的方面的影响。"

第四节 助学课堂让学习真正发生

在公开课上我们经常见到这样的现象:教师允许学生自主学习或小组合作学习,不一会儿,当学生正讨论得热火朝天时,教师便叫停这一环节,把学生再次领回传统教学的舞台上。学生的自主学习或小组合作学习效果如何,究竟学完了没有,这些似乎都不是教师考虑的,教师仅想着要把握好课堂教学节奏。这样的教学环节仅仅是为了落实课程标准理念而已,并非真正为学生学习服务,这是伪学习环节。不仅是在公开课上,在我们平时自己的常态课上,这样的事情也时有发生。

我们为什么不舍得给学生自主学习的时间呢？一是我们怕这样的环节浪费时间,导致我们完不成教学任务;二是这样的环节是课堂上最不容易调控的环节,教师放手后感到自己心里没底。其实出现这种现象的根源在于教师只是为了落实教而不是为了学生学,教师想控制课堂,掌握绝对的操控权,让课堂教学不失控、不偏离、不发散。然而这样的课堂很难有真实的学习发生,学生被牵引,没有讨论,没有发散,就不会经历真正的学习过程。精彩是不期而遇的,其实在课堂上给予学生一个自主的空间,学生常常会还你意想不到的精彩。

孙双金老师在执教《李白与美酒》主题课中,当和学生品读诗句"会稽愚妇轻买臣,余亦辞家西入秦"一句时,他提出李白要到朝中做官,为何不写与妻子分别,而写与子女分别的场景,为什么还要写到朱买臣和夫人之事呢？孙老师让学生充分发挥自主想象,给学生自主学习的时间和机会。结果学生的回答异彩纷呈,为整节课的学习添上了浓墨重彩的一笔。

我记下了部分学生的精彩回答:"希望子女也能够像他一样实现人生的理想。""李白醉酒之后想到用朱买臣自比,孩子是天真的,于是写了与孩子的分别。""在古代妻子是外姓人,不是自己人。只有儿女才是自家的,所以和儿女分别。""希望儿女今后有出息,借此来教育子女。""此处不说与妻子分别,借用朱买臣之典故,反而说明与妻子感情更好。"其中有一位同学的回答从孙老师提供的背景资料来看有些偏颇,但孙老师并没有否定孩子的回答。

我想课堂上孙老师关注的更多的是孩子通过独立思考,然后发表独特见解的过程。学生经典的发言引发了现场听课教师不断的爆笑声和雷鸣般的掌声,学生在教师给予的自主学习空间中实现了真正的学习。从孙老师精彩的课堂中我不禁感慨:让学生在课堂上真正发生学习,需要对学生慢养,甚至需要散养。

让学生在自主学习的环节发生真正的学习,需要教会学生自主学习的方法,首先要让学生学会学习。教会学生自主学习需要一个过程,也需要教师在课堂教学中思考助力学生学习的方法。要让学习在助学课堂上真正发生,首先要求教师有效设计教学目标,理清教学思路,真正落实以学为本。以下案例就是一个最好的见证:

> 2015年4月13日,工作三年来第一次在集体备课上脸红。红着脸写下的反思是热乎乎的,是真实深刻的,也是心态平和的。这次脸红事件,原因不少,却也简单——首先,由于清明假期与集体备课冲突,导致没有在本单元的整合上形成大框架,我有些慌张;其次,由于个人原因,急于赶课,没有细致思考,导致在课堂上只顾及自己如何把内容教完,没有顾及孩子学的感受。当李玉玺老师的问题让我哑口无言时,我顿悟了自己的错误。

上述这段文字是初曦老师交给我的第三单元教学反思中的一段话。从这段话中我们不仅能读出集体备课在教学改革中的重要作用和意义,还能读出一个善于思考、善于反思的优秀教师形象。

这次集体备课的意义同以往其他集体备课一样都是难忘的,因为在集体备课这段时间里,留下了我们对课堂思索的痕迹、思维碰撞的火花,集合着我们集体智慧的灵感。经过这次初曦老师的脸红事件,让我意识到了一个深层次的问题:课堂教学我们应从哪里出发?传统的课堂我们是从如何教出发,从我们教师教的角度确定教学内容,设计教案,最后课堂教学的反思也是落脚到我们教学任务是否完成,我们教得是否精彩上。其实我们完全忘记了我们的教学是为了学生的学习。

从内容确定到教案设计,再到课后的反思,教师是中心,如何落实教才应是出发点,否则就会出现初曦老师的"脸红"事件——因急于完成自己的教学任务,确定教学内容,或是因急于完成选定篇目的教学,而把"1+1篇"以文带文课的另一篇课文生拉硬拽过来。课程改革的出发点和我们提倡的助学课堂,是以学生的学为中心,以服务学生的学为主线确定教学内容,设计助学案,反思课堂上学生学得如何,教师助学策略是否有效。

"1+1篇"阅读整合课主要的教学理念就是做好前一个"1"的文章,夯实学生的学习方法,培养学生的学习能力,通过迁移学习后一个"1"的文章,巩固学生的学习方法,提升学生在前一个"1"初步形成的学习能力,进而内化为学生的素养。因此,教学内容的选定一定要有密切的联系,后一篇文章的选择一定要适合学生学习能力的迁移,内容也应该与前一篇文章有一定的联系,以便于迁移,便于自学,便于提升。文章的整合点一定要基于学生的学,服务学生的学,有利于学生的学。单篇文章往往不利于学生学习方法的巩固、学习能力的形成,缺乏练习发展的平台。这种以文带文课和群文阅读课凭借多文本的优势,会很好地迁移学生的能力,使学生拥有一个再实践、再提高和形成素养的机会。当然这样的设计必须以学生的学为中心展开教学实践活动。

助学课堂应该站在学生的角度去整合教学设计。将教师的教转向学生的学,是体现课堂再造价值本位的转移。

第五节　助学课堂让评价促进学生发展

《义务教育语文课程标准(2011年版)》指出:"语文课程评价的根本目的是为了促进学生学习,改善教师教学。"评价是一门科学,也是一门艺术。在进行课堂评价时要保护学生的自尊心和自信心,要体现尊重与爱护,要关注个体的处境与现状。通过课堂评价,要让学生了解自己课堂学习的状态,体验进步与成功,从而产生进步的动力。

衡量助学课堂评价是否成功的一个重要指标,就是看评价是否成为了促进学生发展的动力。课堂是学生学习的主要阵地,在课堂上合理、高效地对学生的学习进行评价,有助于他们获得最充分的教育和发展,使每个学生都能主动积极地表现自我。课堂教学语言的成功运用,不仅能够激发学生主动学习的兴趣,还会增强教学活动的感染力。法国教育家韦斯多惠说:"教学艺术的本质不在于传授,而在于激励、唤醒和鼓舞。"因此,在语文课堂教学过程中,教师要善于运用合理有效的评价体系和评价方式。

一、助学课堂评价的原则

(一)激励性评价原则

《基础教育课程改革纲要(试行)》明确提出:"改变课程评价过分强调甄别与选拔的功能,发挥评价促进学生发展、教师提高和改进教学实践的功能。"课堂教学评价的功能是多种多样的,在新理念的指导下,要由过去注重甄别和选拔功能,逐渐转化为发挥评价的导向、反馈、激励等有效功能。评价要改变过去过分强调甄别与选拔的观念与做法,将目标定位于促进学生的全面发展,发挥评价的激励性与发展性功能。

助学课堂强调评价的激励性功能,注重学生的发展进程。在语文课堂学习过程中,对学生的评价要以激励为主。通过教师的语言、情感和恰当的教学方式,不失时机地给不同层次的学生以充分的肯定、鼓励和赞扬,让学生在不同程度上看到自己在参与学习后取得的进步和成绩,在心理上获得自信和成功的体验,激发学生学习的动机,诱发学习兴趣和探究精神,进而促使学生积极主动地学习。

(二)发展性评价原则

基础教育课程改革的核心理念是"以学生的发展为本",重视培养学生的学习兴趣和终身学习的愿望,发挥评价的导向、反馈等有效功能,用客观、动态、发展的眼光去评价主体。评价要从学生全面发展的需要出发,不仅要关注学生的学业成绩,而且要发现和发展学生多方面的潜能,注重学生的学习状态和情感体验,以及教学过程中学生主体地位的体现和主体作用的发挥,强调尊重学生人格和个性,鼓励发现、探究与质疑,以利于培养学生的创新精神和实践能力。要了解学生在发展中的需求,帮助学生认识自我,建立自信。要发挥评价的教育功能,促进学生在原有水平上发展。

(三)差异性评价原则

《基础教育课程改革纲要(试行)》指出:"教师应尊重学生的人格,关注个体差异,满足不同学生的学习需要,创设能引导学生主动参与的教育环境,激发学生的学习积极性,培养学生掌握和运用知识的态度和能力,使每个学生都能得到充分的发展。"因此,应全面评价学生,扬长避短,让学生在关爱中得到全面发展。

在实施评价的过程中,既要面向全体,又要关注个别,尊重学生的个别差异,既要纵向比较(不同个体之间的评价),又要横向比较(同一个体前后发展水平的比较),不仅关注学生当前的一切,也要了解他的过去,更要关注他的未来发展,帮助他们正确认识自己,不断进步,健康成长。

(四)定性与定量相结合的形成性评价原则

课堂学习过程性评价主要以定性评价为主,阶段性学习评价和活动性评价以定性与定量相结合的方式呈现。定量评价采用等级制的方式,一般分为(A、B、C)三个等级;定性描述采用评语的形式。比如,由于一年级学生的词汇量不多,理解能力较弱,但这一时期却是口头表达能力发展的最佳时期,所以描述性评语主要以课堂激励性评价语言的形式呈现。通过教师给学生准确合理、富有激励性的评价语言,营造平等友爱的关系,使学生获得情感态度与价值观的体验,促进学生语文素养的形成和发展。

(五)自主性原则

现代心理学研究表明,内部动机比外部刺激更具持久性。社会的发展要求人具有较高的自我评价、自我调解、自我提升等能力。自我评价作为一种自我发展的内在动力机制,应在我们的教育教学中给予高度重视。助学课堂强调在日常课堂学习中进行形成性评价和学生的自我表现评价。创设小组交流的时空,使学生获得取长补短、学习他人、认识自我的机会。把评价的权利交还给学生,关注学生的主观能动性,注重学生的潜力发展,真正体现学生是学习的主体这一评价理念。

二、助学课堂评价促进学生发展

(一)关注学生的情感状态,让课堂评价成为促进学生情感发展的动力

评价要改变过去过分强调甄别与选拔的观念与做法,将目标定位于促进学生的全面发展,发挥评价的激励性与发展性功能。语文课堂学习是可变动的,师生间是多向的、多中心的互动关系,学生不仅要听教师说,还要听同学评,甚至自己也要参与评价。课堂评价要关注学生在情感态度与价值观等方面的健康和谐发展,营造平等、友爱、民主的关系,使学生在这种平等、友爱、民主的和谐关系中获得独立自主的人格发展。

(二)关注学生的个性特点,让课堂评价成为促进学生个性发展的动力

评价要关注学生的个性特点,最好的方法就是进行纪实性评价。在"1+1"助学课堂上,教师转变了教学的理念,教是为了促进学生的学习,因此学生学习是否发生,是否会合作学习,学习效果如何,这些指标都可以成为学生纪实性评价的内容。同样,这样的评价不是面向全体的,而是关注了学生的个性。

(三)关注学生的能力素养,让课堂评价成为促进学生语文能力发展的动力

评价要有诊断、纠错功能。在语文课堂评价中,要引导学生参与评价,彼此交流讨论,以此来推动学习的深入,给学生进行创造性思维活动的机会,鼓励学生勇于尝试,独立思考,提出自己的看法。学生在课堂上的所想、所说、所议、所评成了课堂教学的焦点,它激起了学生强烈的好奇心,激发了学生对智慧的挑战,也成了学生产生学习兴趣的强大动力。学习不再

是烦琐的分析、机械的讲解,而是变成了受学生强烈认知需求驱使下的一种积极的学习过程,是由学生自主探索、合作交流的主动学习。

三、助学课堂评价的多元化

坚持评价主体多元化。评价主体多元化,让学生从被动接受评价转向主动参与评价,提高了学生的主体地位,有利于学生进行自我反省和自我教育。实验中,我把评价主体分为如下四类。

自我评价:学生通过自我反思,给自己下结论,培养自信,养成自我检查、自我调节等良好学习习惯,增加自主发展的动力。

小组评价:在小组合作学习中,调动小伙伴参与评价,促进彼此了解,营造平等、友爱、民主的学习气氛。

教师评价:评价实行等级制(A、B、C),分项评定后再汇总。这一评价活动的目的更多的是发现和发展学生多方面的潜能,了解学生发展中的需求,帮助学生认识自我,建立自信。由于评价的目的不同,教师的身份也转变为了学生发展的扶持者。

最后是家长评价:它以评语形式出现,目的是让家长更多地关注孩子的成长,了解孩子学习成长过程中的强项和弱项,及时对自己的孩子进行有针对性的教育。

附录：实践者言

助学课堂道路上的思索

回顾自己的学生时代，我接受的大多是教师"讲授式"的传统教学模式。走上三尺讲台后，角色转变之余，我面临最多的便是新课程改革。在努力上好每堂课的过程中，我的理念渐渐转变了，逐渐致力于将自己的课堂打造成"以生为本"的高效课堂。三年级下学期，我的教学小天地里又发生了天翻地覆的新变化，我被更为前沿的"课程整合"理念所吸引，开始摸索着"助学课堂"的真语文课。

李玉玺老师是三年级语文团队的灯塔，指引着我们勇敢尝试"课程整合"的课改思路。作为这个团队的一员，我由两个月前的懵懂胆怯到今天渐渐领悟李玉玺老师提出的"课程整合、助学课堂"的前沿教育理念，似乎每天都在成长一点，每天都在前进一点。坐在南京解放军理工大学标营校区礼堂里聆听名师大家们的课时，我这样想：课程整合无论以怎样的"1+1"模式将文本整合在一起，不都是为了让学生更好地学吗？不都是为了真正提升学生的语文素养吗？那么这样的整合课堂不正是李玉玺老师所提出的"助学课堂"吗？两个月后的今天，我才真切地体会到李玉玺老师的用心良苦，才领悟到"助学课堂"的本真价值。

若说李玉玺老师提出的"助学课堂"打开了我教学路上的一扇窗，那么这次南京"现代与经典全国小学教学观摩研讨会"之行，真正让我领略到了那窗外群芳吐艳、姹紫嫣红的美丽风景。名师大家们的课，都是那么的不拘一格，他们打破传统的教学模式，更拆除了学生思维的高墙；他们的课堂趣味横生,轻松愉悦,处处洋溢着掌声和欢笑声。这些名师大家们用自己的教育智慧告诉我们课堂是属于学生的,学生才是课堂真正的主人。这些正与李玉玺老师所提倡的"助学课堂"不谋而合。

助学课堂,既可以看做一种教学理念,也可以看做一种教学方法。助学课堂就是"先学后教,以学定教",它从知识为基础的价值取向,转变成以学生的发展为基础的价值取向,改变了课堂教学中教师主宰、控制的意识和学生顺从、依附的地位,把课堂转变为"学堂",把讲台转变为学生的"舞台",给教学以生长的力量,使发展学生成为我们触手可及的教育境界。

在这场现代与经典的文化盛宴中,我美美地享受了大师们奉献的"助学课堂"精神大餐。

一、助学课堂是自由开放的诗意课堂

孙双金老师执教的《李白与美酒》主题课,带着学生欣赏李白与美酒有关的诗歌,刹那间我们跨越时空,与李白对酒谈诗,感悟李白"借酒吟诗、借酒言志、借酒会友、借酒消愁"的情怀。在孙老师带领学生学习《南陵别儿童入京》一诗时,我看到了他如何循循善诱助力启发学生。

孙老师问:"李白为什么没有与妻子告别而是选择与他的孩子告别呢?请同学们自由发表见解。"一位姓万的学生回答:"李白希望子女像他一样实现自己的人生理想。"孙老师肯定了他并称之为"万家之言"。接着又有一位学生回答:"拿自己与妻子的感情同文中朱买臣与妻子的感情做对比,突显自己与妻子感情好。"孙老师表扬孩子有自己的想法。最后有位学生的回答引得台下哄堂大笑,他说:"因为孩子是自己的,老婆是外人。"孙老师不仅没有批评他,还表扬了他的观点很独特。听了孩子们各抒己见的精彩回答后,孙老师才道出真实原因:据专家所说李白共三任妻子,写此诗时是与自己的第二任妻子在一起,而这位妻子是三任里最不支持李白事业的一任。

感悟孙老师的诗歌课堂里,我没有听到老师带着一帮学生机械地翻译古诗句子、生硬地挖掘古诗蕴含的情感,而是听到了孙老师从文化的视角唤醒学生的情智,丰富学生的文化底蕴,借此激发学生对中华悠久传统文化的热爱。我感受到的是敢于让学生大胆发表自己见解的自由课堂。在课堂上，教师始终把学生的思考当做自己宝贵的教学资源，真正让学生在课堂上享受被尊重的感觉。这样的助学课堂，孩子能不喜欢吗？扪心自问：上一堂公开课，似扒皮抽筋般痛苦，生怕自己抛出的问题成了孩子们的跑马场，收不回来空留下尴尬和难堪，一旦有孩子的回答稍微脱离我的主旨，我忙不迭地把他拉回我的轨道，无形中不知多少次扼杀了孩子抒发自己独特见解的欲望。而孙老师的课，没有说教，只有心灵与心灵的契合、对酒吟诗的意境，令人沉醉。

二、助学课堂是深厚博大的古朴课堂

王崧舟老师执教的是著名作家林清玄的《桃花心木》一课。在教学这一课之前，王老师先做了一个课前调查，在充分了解学情的基础上，引导学生从故事的哲理部分入手，紧扣"不确定"一词，层层深入地引领学生展开学习。他先让学生明白"在不确定中生活有何好处"，提挈出四点——生活考验、独立自主、转化能量、努力生长，再启发学生围绕这四点自主质疑，带着"为什么能这样"的问题去深入解读。

第一步，联系文本故事，理解故事中的浇水人是怎样"不确定"地给树木浇水，他为什么要这样做；第二步，联系生活实际，拓展林清玄最欣赏的三位古人——陆羽、慧能、玄奘的人生经历，深刻理解人生"不确定"的丰富内蕴，领悟"人生无常"这一大命题，启发学生体会面对人世间的各种无常，关键在于良好的心态——心美，一切皆美。

王老师上课之前做调查，在充分了解学情的基础上，引导学生从故事的哲理部分入手这一环节，正是我们助学课堂上所运用的"课前预学"—"课中导学"部分。了解学生的预习情况，根据学生的回答，判断学生的理解程度，然后从关键性问题入手。接下来整节课通达的哲思、诗意的境界如涓涓细流温情脉脉地传递给了学生。

王老师以"不确定"为基点，引导学生入乎其内地感悟种树人的良苦用心和智慧，出乎其外地拓展升华世事无常的人生真谛。这样博大精深的文化底蕴，这样厚实禅意的课堂带给孩子的是如何面对人生中艰辛坎坷的勇气与力量。王老师的课告诉我,努力去做一个文化底蕴深厚的老师吧!那样的老师才能真正地助力孩子将课堂所学内化成人生座右铭。

课尾,王老师播放的那首空灵的音乐至今回荡在耳边,课下细查,才知道它是一首叫做《醒来》的佛教歌曲,这首歌同样给予了我一些人生的启示。

醒来

从生到死有多远 呼吸之间

从迷到悟有多远 一念之间

从爱到恨有多远 无常之间

从古到今有多远 笑谈之间

从你到我有多远 善解之间

从心到心有多远 天地之间

当欢场变成荒台 当新欢笑着旧爱

当记忆飘落尘埃 当一切是不可得的空白

人生是多么无常的醒来

人生是无常的醒来

三、助学课堂是浪漫唯美的洋气课堂

喜欢电影,却从未想到电影可以和写作结合起来,张祖庆老师执教的《月亮之上——微电影与微写作》带来的创意写作让我瞬间爱上了它。张老师播放了5分钟的微电影,却在两处关键点果断暂停电影并问:"子孙三人去干什么呢?""小男孩拿锤子一敲,会发生什么呢?"悬念就这样在最恰当的时刻留给了学生,于是学生展开想象的翅膀,愉快地翱翔在浪漫的月亮之上。张老师此时请学生设计一张海报(不超过200字):概括电影中的主要故事情节,关键是要能激发观众的观影期待。这样让孩子们写作,他们何乐而不为呢?

回顾我的作文课堂,孩子们惧怕写作文就如我恐惧给他们批作文一个心情。学生不会写,我教得吃力没劲头,而张老师让孩子们设计海报的环

节正是我们助学课堂中提出的"微作文"写作。当孩子的想象力被动感、唯美的电影激发出来时,孩子怎会不爱上作文呢? 我感慨于张老师用电影的形式创设写作情境,悄无声息地引发孩子的奇思妙想,让孩子不觉得这是在写作文,而是在像设计师一般设计"高大上"的电影海报。给学生一听就头痛的"作文"俩字换了个洋气的名字——海报,他们就如鱼得水地写出了作文。这样巧妙地助力孩子写作,是多么的用心,多么的时尚。

有一种课堂,将您从冗繁的讲解、不停的提问中解放出来,让您不再照本宣科,不再"目中无人",让您能欣赏到孩子的智慧与创造,能听到孩子成长时"拔节"的声音。课堂里,绽放出童真、童趣、童乐,充盈着掌声、笑声、辩论声,洋溢着主体美、力量美、震撼美,这样的课堂是您向往的吗? 它叫做"助学课堂"。

名师大家们用生动的课堂实例教会我如何汲取现代与经典的养分,东凯小学的灯塔指引我如何奔向更遥远的未来,追寻我的教育之梦……

（实践者:宁　雯）

助学课堂让学生回归主体

世界上一切事物和思维都是变化无常的,世间万事万物没有一样是静止不动的,既然是动的,就有"无常",就有"不确定"。正如我有幸去参加"现代与经典全国小学教学观摩研讨会"那般,我从未想到过会有如此幸运的机会,所以得到时才如此兴奋。有时,"不确定"意味着幸福,意味着人生中不可多得的邂逅。我要深深地感恩生命中的"不确定",是它,让我有了一次重新审视自己的机会。

仔细听完这几位老师的课,我发现他们的教学设计都有一个共同的特点,那便是自主、合作、探究式学习。回来后,我认真翻看了语文课程标准,反复阅读了"学生是学习的主体。语文课程必须根据学生身心发展和语文学习的特点,爱护学生的好奇心、求知欲,鼓励自主阅读、自由表达,充分激发他们的问题意识和进取精神⋯⋯教学内容的确定,教学方法的选择,评价方式的设计,都应有助于这种学习方式的形成"这些要求。每读一遍,心里都会感到些许愧疚,我忍不住反问自己:你的课堂是有理论做支撑的吗? 是有依据的吗? 还是没有章法,乱上一气? 我知道,一味地质问并不能解决问题,于是,我开始不断地思考:如何有效地指导学生自主、合作、探究式学习? 我个人认为,"自主"更主要的是指学生意义上的自主,应该以生为本,而"合作""探究"就有些不同了,相较于生生之间的"合作""探究",我觉得师生之间的"合作""探究"效果会更好。

比如,在管建刚老师执教的《月光启蒙》课堂上,管老师借助助学策略,将文章进行适当的修改,巧妙而又自然地为学生搭建了一个合作、探究的平台。他之所以能够巧妙而又自然地搭建这个平台,我想助学策略在他的课堂上是功不可没的。顺着这个思路想下去,我们的课堂重点始终不能由教师的教转变为学生的学,或许是因为我们没有找到适合课堂教学的助学策略。

一谈到助学策略,便会有许许多多的问题应运而生。比如:什么是助学策略？怎样才能准确地寻找到助学策略的切入点？语文教师如何具备设计助学策略的能力？我个人觉得助学策略是高于我们以前所说的教学方法的,它们之间存在着很大的差异。教学方法仅仅是服务于我们教学过程中的某一个环节,一节课中所运用的教学方法是琐碎的、零散的、多样的,而助学策略是整个教学过程的中心、踏板、桥梁、支点,可以说,助学策略在课堂上所起的作用要远远大于教学方法,当然,适当地运用教学方法也很重要。

举个例子:王崧舟老师在讲《桃花心木》的时候,课堂刚开始就运用了助学策略,他使用的助学策略是统计课前调查,通过统计课前调查指向课文中所说的道理,由道理层层递进,从而展开本节课一系列的学习活动。管建刚老师的《月光启蒙》,助学策略出现在教学设计的中间,他向学生抛出的问题是:"关于这篇文章,我也做了一些修订,请大家看一看我修订的这篇文章,你有什么感觉？你支持哪一个？"管老师借助这个问题,与学生展开了对整篇文本的学习。由此,我们不难看出,在他们的课堂上,助学策略的确是起到了关键性的作用,而且是不同于教学方法的。

基于以上,不难发现,自主、合作、探究式学习的展开是需要有效助学策略加以推进的。但是我觉得仅仅能够认识到这一点还是远远不够的,要想使我们的课堂教学由教师的教真正转化为学生的学,即自主、合作、探究式学习,我们教师需要思考和解决两个问题:第一个问题是怎样才能准确地寻找到助学策略的切入点,第二个问题是语文教师如何具备设计助学策略的能力。

基于第一个问题,我个人的理解是,寻找准确的切入点实际上映射的是一个语文教师解读教材的能力,无论是王崧舟老师的课还是管建刚老师的课,他们在设计助学策略并使它服务于自己的课堂教学时,我想,他们一定是在准确解读文本的基础上,经过反复推敲、琢磨才分别将助学策略放在教学设计的开始和中间的。而第二个问题,我个人的理解是,问题的本质其实就在于语文教师要思考学生需要学什么和教师怎么教的问题。

透过这些老师的课,我们不难发现,他们的教学设计是有所取舍的,而且教学目标明确,他们对自己要教给学生什么、学生需要学什么以及怎么教这一系列问题的思路是清晰可见的。也就是说,我们要想如鱼得水地运用助学策略来驾驭自主、合作、探究式学习的课堂,首先要解决的问题应该是:如何提高语文教师自身解读教材的能力,以及怎样才能解决学生需要学什么、教师怎么教的问题。助学课堂的产生使我意识到:教师的价值要体现在策略上,而不是无谓的、不成系统的说教上。

我对助学策略的思考还没有结束,这只是刚刚开始。其实,对我来说,刚刚开始的不只是对助学策略的探索,还有写作教学。直到现在,我都清晰地记得沈慧芳老师那节充满无限温暖的阅读写作课。沈老师的课帮我解决了一直以来萦绕在我心头的困惑:我们低年级的口语交际课该怎么上?如何激发学生说和写的兴趣?答案尽在沈老师的课堂中。

沈老师为我们展示的是《阅读写作抢先攻》。众所周知,一提到写作,我们的学生就会抓耳挠腮,痛苦得不得了,有时,写作的作业甚至会殃及家长,家长也会如同孩子那般痛苦不堪。每当想到这些,我就觉得我是一名很失败的老师,至少在教学生写作这方面,我是真的挺失败的。但是,听完沈老师的课,我开始有了直面问题的信心,我开始思考:为什么我没有把写作安排到课堂上?为什么我没有像李玉玺老师所说的那样让学生进行微写作,哪怕只是带领学生进行一个点的学习和练习?

沈老师的写作课能上得如此轻松、融洽,甚至是让我觉得分外温暖,她是怎么做到的?我觉得这跟沈老师会讲故事有很大的关系,且她的课堂是从讲故事开始的,她讲的故事惟妙惟肖,引人入胜。我从她身上看到了一个语文老师应该具备的素养。

我们静下心来想一想:如果我们的口语交际课是从声情并茂地讲故事开始的,我们的学生还会没有学习的兴趣吗?他们还会讨厌我们总是让他们写根本不知道怎么写的东西吗?透过讲故事的热身活动,沈老师的课让我知道,口语交际课的展开需要向学生提供能够激起他们学习动机和兴趣的背景资料。纵观沈老师的课,我们不难发现,她带领学生进行了一系列有目的的游戏活动,其目的在于让学生从做中学,在活动中交流,从而协助学生解决写什么的问题。

翻看各位同仁的评课语，有位老师说："有一种情怀叫语文。"而我要说："有一种情怀叫不吝啬自己的真诚。"听完几位老师的课，我在反思：如果我们的学生天天都能享受到我们真诚的赞扬和激励，他们该会有多自信，多阳光，多开朗，多优秀？我不敢去想象我们每天对孩子们不够真诚、不够细化、不够贴切的教育会带给他们什么，更不敢想象我们每天在扼杀着什么。每当孩子们对待学习不够认真、敷衍了事的时候，我们总是特别愤怒，总会抱怨道：现在的孩子怎么都这样，一切都是无所谓的态度。可我们是否曾想过：我们有真诚地鼓励过他吗？我们有真诚地帮他分析过原因吗？我们有尊重过他的想法吗？我们跟他是心与心之间的交流吗？说到这儿，我禁不住想起了赵志祥老师，如果我们都能像赵老师那样真诚地鼓励胆小的孩子，是不是孩子的世界会少几分惧怕，多几分自信呢？我们总是这样夸我们的孩子：孩子，你真棒；孩子，你真聪明；孩子，你太棒啦……把它们罗列到一起，我突然觉得身为语文老师的我们变得好词穷。这种夸奖不仅失去了语文的味道，而且没有真诚可言，又怎么谈得上让学生真诚地对待我们呢？所以，请不要吝啬自己真诚的情怀。

有趣味的学习总会让人觉得格外短暂、意犹未尽。乘着这一次人生的不确定，我愿从此刻起：且行且思，做一个有文化底蕴的语文老师，做一个待人接物真诚的人。

（实践者：赵雪婷）

助学课堂——向着明亮那方

彷徨着,不安着,抑或期待着,新学期的第一节语文课还是如约而至。本学期,我们三、四年级语文教师接到课程整合的任务,我们的语文课将从此变得不一样。

课程整合,顾名思义,就是将有共性的课程整合在一起,放在语文学习中,即把主题相似、能找到共同语言训练点的文章放在一起学习。新课程标准提倡让学生多读多写,在大量的语文实践中体会、把握运用语文的规律。多读书、读好书是学好语文的不二法宝,但我们的课时却是有限的,怎样在有限的时间里阅读更多的文章,是许多语文教师苦苦思索的问题,而课程整合的实施可以有效地节约课时,让更广泛的阅读成为可能。

基于课程标准倡导的自主、合作、探究的学习方式,李玉玺老师提出了"助学课堂"的理念,以确保学生的学习主体地位,让教师成为学生学习的真正引导者和帮助者。其实这是让我最感兴趣的地方。一直以来,我的课堂虽然也采用了小组合作等模式,但仍然是以教师的说教为主,学生学习的积极性并不高,而且学生的学习能力也没有得到长足的发展。我隐约觉得,助学课堂的提出可能会帮助我趟出一条新路。

任何一种新事物从诞生到发展成熟从来都不是一帆风顺的,都会经历一段曲折的路程。我们的整合之路也一样,走得艰难:准备的时间短,参与试验的教师大多年轻缺乏经验,甚至因为经费的问题,在试验初期,学生手头上连印刷好的课本都没有,只能靠教师一篇篇白纸黑字地打印。整合之初,我们面临着众多难题。可因为这是经过专家验证了的好事,也因为我希望能让自己的课堂真正高效起来,于是,不管多么艰难,我依然不顾一切地开始了我和学生们的语文学习新旅程。

摆在我面前的第一个难题出现了:我需要找到同一单元主题中能整合在一起的文章。第一单元的主题是"走遍祖国的千山万水",作者用生动优美的语言,描绘了大自然令人神往的景观。这组课文共七篇,我最初的设想是按游览内容来划分,写山的文章放在一起,写水的文章放在一起。可我脑子里有个声音不停地提醒我:转变观念,转变观念……我翻出课程标准,语文课程的定义赫然其上:语文课程是一门学习语言文字运用的综合性、实践性课程。"语言文字运用"六个字重重地锤击着我。

我再次阅读这七篇课文。《古诗词三首》是诗歌的形式,需单独学习;《黄河的主人》是写人的文章,跟景物描写关系不大,也需单独学习;还有五篇,即《桂林山水》《记金华的双龙洞》《七月的天山》《走进丽江》和《阿里山的云雾》。

《桂林山水》主要写了桂林山奇、秀、险的特点和漓江水清、静、绿的特点,而《走进丽江》主要写了丽江古城和玉龙雪山,突出了丽江的神奇和美丽。这两篇文章结构相同,且作者都采用了"抓住景物特点进行描写"的方法,所以我决定把这两篇文章整合在一起。

《记金华的双龙洞》《七月的天山》都按照"移步换景"的游览顺序进行描写,而且作者都运用了多种手法对文中景物进行具体详细的描写,景物的特点也能通过读文清晰地找到,我决定把它们放到一起。

《阿里山的云雾》主要写了刚下过雨后静态的雾和起风时动态的雾的特点,最初我的第一版教学设计中把它放在了《记金华的双龙洞》这一组,可经过多遍读文对比,我认为它应该放在《桂林山水》这一组,因为它的构段方式更倾向于后一组文章,而且在文中用了一组长排比句,这也和《桂林山水》有相似之处。

当第一单元能整合在一起的同组文章分好后,我脑子里"究竟应该怎样整合"这个问题的答案也越来越清晰了,即把能找到相似"语言文字运用"训练点的文章整合在一起,以便让学生真正把课文当成范例,做到"读写结合"。

摆在我面前的第二个难题是如何对阅读教学内容进行取舍。原来一单元四篇文章,现在整合后增加到七篇,而且每篇文章都蕴含着丰富的思想内容、语文知识,以及作者运用语言的技能技巧。如何从中选择、确定乃至开发出具有核心价值的教学内容,也让我感到棘手。

在过去的教学中，我常常把找到的知识点、训练点一股脑儿地挖出来填给学生，总觉得教师教的知识越多学生就学的越多，但实际上并非如此。每次考试后做试卷反思总是让我觉得恼火，这些知识点明明都讲过，为什么学生还是不会。细想一下发现，这是因为我根本就没有把学生放在主体地位上，更是因为我没有耐下心来仔细挖掘文本，找到文本真正的"奥秘"所在。记得一位名师说过：其实每一课能让学生真正学好一两个点就很了不起了。那些重要的训练点，要舍得给孩子花时间，真正让他们学会。孩子们一看就会的内容，完全没必要浪费时间。

回到课程标准，在第二学段的阅读教学要求中，课程标准提出了"能联系上下文，理解词句的意思，体会课文中关键词句表达情意的作用"的要求。这一组课文文质兼美，遣词造句极有特色，我和学生一起沉于文字，感悟语言的美。《桂林山水》一课学习中，学生品读漓江水之清，也写出了"漓江的水真清啊，清得可以看见云朵的倒影"这样美的句子。而在学习《记金华的双龙洞》一课时，学生更是写出了"春雨淅沥沥地下着，我时而去捉弄正在搬家的蚂蚁，时而去和树叶捉迷藏，时而去和还没有冒出土的小草聊聊天"这样灵动的句子。舍得时间，才能看到成果。整合后的教材每一课都提供了预学单，学生在课前经过有效的预习，课上就会有更多的时间用来做好语言文字运用的训练。

摆在我面前的第三个难题是怎样真正有效地为学生搭建一座助力学习的桥梁，让课堂以学生的自主学习为主。除了认真备课，找到能整合在一起的知识点外，教师还要努力教会学生学习的方法，让学生能自己将知识进行迁移，遇到同类的问题自己能够主动化解疑难。我重新分配了班级的学习小组，教给他们小组探讨学习的方法，让他们能在小组氛围内自主解决一些通过思维碰撞能够回答的问题。因为教材中的预学单和延学单，我也开始试着重新思考预习和复习的意义，希望能教给学生更多自主学习的方法。

摆在我面前的第四个难题是不知道该怎样设计这份助学稿。原来写教案，似乎想想抄抄就可以一蹴而就，从来没觉得为难，可现在大脑里没有一个明确的框架，觉得无从下手。过去备课和上课常常是两回事，可现在要打造真正助力学生学习的课堂，不能蒙混过关。开始备《桂林山水》时，我一遍遍地琢磨文本，把能找到的资料都细细浏览一遍，王文丽老师的那堂优质课被我研读了数遍。课是备出来了，可要整合到一起，教案还是不会写。离助学稿上交的日子越来越近了，就在我一筹莫展之际，李玉玺老师在我们的QQ群里上传了他设计的助学稿。读着读着，我好像有点开窍了，原来应该这样写啊。

写到这里，我突然发现，其实我的难题都在被慢慢破解，我正慢慢地在课程整合的路上越走越远。我也好像突然意识到它带给我的意义和巨大变化。今天本是我的"黑色星期四"，这一天我有四节语文课，可三节整合课上下来，我好像没有想象的那么累，更重要的是我听到了一个在班里比较有"智慧"的孩子的话：今年的语文课好像变得不太一样了，这样上一整天我也愿意。孩子和同桌嘻嘻哈哈地闹着走了，可我的心里好像有些东西滋长起来，我明白了为什么现在的我比过去快乐了。我心里好像有了一些小小的成就感，因为孩子更喜欢我的课了，我也明白了为什么在上《黄河的主人》时突然有了灵感一现的幸福，更明白了为什么我这个懒散的人，在这深夜里还在乐此不疲地敲着文字。大概是因为我真心地感受到这是一件于己于生都正确的事情吧。那么，就努力走下去吧。

（实践者：刘　楠）

"1+1篇"阅读整合课所感

　　如果把课程整合之路看做一次冒险的旅行,那么我希望在这条征程中不虚此行。对于我们这些敢于吃螃蟹的人来说,想要深入研究,就要在争议和挫折面前沉下心来,吸取经验教训,在调整中不断坚守。

　　这次整合公开课虽然准备仓促,但由于大家在整合理念和整合课型上提前做到了有效的传播和交流,所以取得了喜人的成绩。在备课、上课、反思的不同阶段和过程中,我对语文课程整合也有了新的认识和思考:整合不单单是教师对课程的加工和创新,更是对教学资源的高效整合。

　　《白鹅》是公开课执教者们钟爱的篇目,特别是名家公开课,亮点多、创新多,这也从侧面说明了这篇课文有内涵、有深度,值得教师深耕细作,但是传统的单一课型难以创新突破。通过研读本单元的主题教学目标和文本,我发现《白鹅》和《白公鹅》两篇文章有着异曲同工之妙,在课程整合上有着天然的亲和性。

　　在学生初读完课文《白鹅》,对课文整体感知后,我提出一个问题:这只白鹅给你留下了怎样的印象?学生基本都能回答出"高傲"一词。对于《白公鹅》,仍然可以提炼出这一问题——谈谈这只白公鹅给你留下的印象。由于课文中没有明显的关键词,学生对课文内容进行概括总结,使用了多个不同的词语来形容叶·诺索夫笔下的这只白公鹅,如"霸道""自私""很有派头"……尽管答案五花八门,却回答得有理有据。同学们也发现,这两只鹅的特点似乎有些相似。

　　在内容方面,《白鹅》一课描写白鹅的高傲,主要通过三方面来写:叫声、步态和吃相。作者紧紧围绕这三方面展开,先是写了白鹅叫声的严肃郑重:厉声呵斥、厉声叫嚣、引吭大叫,继而又写了白鹅步态的从容、大模大样,颇像京剧里的净角出场,最后描写了白鹅吃相的可笑:三眼一板、一丝不苟、架子十足。但是,这三方面描写,作者的侧重点有所不同,内容上有详有略,将重墨放在描写白鹅的吃相上。《白公鹅》与其有所异同。它同样描写了白公鹅的步态慢条斯理、不慌不忙。不同的是叶·诺索夫并没有写鹅的叫声和吃相，而是刻画了鹅的玩相，主要体现在三项活动中：戏水、抢占地盘和公然吞食鱼饵。尽管描写内容不同，却令读者通过作者的语言深刻体会到了两只鹅各自的特点。

此外，在写作手法上，二者在行文结构上都采用的是先总后分的顺序，行文结构清晰，令人一目了然。两位作者在修辞上都采用了拟人的手法。丰子恺在描写白鹅时，巧妙地运用了"鹅老爷"一词，因为孩子们对"老爷"这种身份的人都比较了解，所以将"老爷"的身份赋到动物鹅的身上，学生就能轻而易举地体会到了这只鹅架子十足，不经意间就会自然发出"好一个高傲的动物"的感叹。相比之下，叶·诺索夫的白公鹅则是一副"海军上将"派头，不用过多的语言，学生通过这样生动的词语，理解起鹅的特点来，便不在话下了。

最后，两位作者都运用了反语来表达对鹅的喜爱。丰子恺的鹅是这样的："鹅吃饭时，非有一个人侍候不可，真是架子十足！"叶·诺索夫笔下的鹅是"干这种勾当它从不偷偷摸摸，总是从从容容、不紧不慢的，因为它自认为是这条河的主宰"。表面上两位作者是在批评鹅，实则间接表达了对鹅的喜爱之情。在选课讨巧的同时，其实也让课程整合的实验者意识到巧妇难为无米之炊，要想顺利整合，必须先把课程资源整合好。

除了相同之处，两篇课文的描写方法还有不同之处。丰子恺的《白鹅》多处运用了对比，将鹅同其他动物做比较。例如，写步态时，通过描写鸭的步调急促，有急促不安之感，反衬出鹅步态的从容、大模大样，而叶·诺索夫的《白公鹅》则没有采用这样的写法。同时，由于地域文化的差异，在描写风格上，一个是简单勾勒，一个是精笔细描。比较教学还可以增强学生对课文的整合能力，提高他们的分析能力，拓展学生的思维。"1+1"助学课堂中一篇带一篇的课型得到了丰富和拓展。

整合课中提炼的写作方法比零散的习作技巧渗透效果更明显，可以直接提高学生的写作水平。从课文中学习到的"观察+想象"的写作方法、拟人和反语的修辞手法、抓动物特点的写作角度、幽默风趣的语言，比三板一眼的直接描写更胜一筹。在接下来的习作练习中检验了这种整合课的相对优势,学生采用"总分"的写作方式,抓住动物的叫声、步态和吃相来写,知道该从哪几个方面入手去写了。从他们交来的习作看,有些学生能把自己看到的动物描写得活灵活现,趣味十足,颇有点风趣的味道。

整合课不仅提升了教师驾驭课程的能力,为课堂创新提供了平台,同时也使学生真实有效的学习成果更加明显。

(实践者:林春晓)

助学课堂再思考

实践出真知。在实践过程中，当有幸看到著名语文教育专家周一贯先生的真知时，我内心不禁一阵窃喜，更有一种石头落地的踏实感。

"1+1"这种形式的课程整合与周一贯先生语文课堂的超文本结构及阅读课堂的新常态不谋而合。一篇带一篇或一篇带多篇的整合方式给学生提供了相互比照和呼应的文本，改变了教学内容单一、形式趋同的线性阅读方式，引导学生从多个文本中汲取信息，习练语言，全方位联系比较，进行网状阅读。这种形式的整合不仅拓展了学生的阅读视野，提升了学生的语文素养，更解决了阅读教学内容狭窄、形式单一的弊病。

以这次语文整合研讨课中我执教的"动物描写一组"为例，本节课整合了丰子恺先生的《白鹅》以及老舍先生的《猫》和《母鸡》三篇课文。四年级下册教师参考用书中指出，编排本组的目的一是让学生通过读书感受动物的可爱可敬，二是通过同题阅读，使学生体会到描写动物所用的表达方式和语言特点。教师应该引导学生通过读书，体会动物的特点，感受动物的可爱，体会不同作家的不同语言风格及文章表达中的异同点。而这些体会和感受单凭一篇或单篇的阅读感知是无法达成的。

这三篇文本组合在一起引导学生学习阅读，激发学生学习的主动性，使学生找到文本之间的内在联系和不同，从而对文本形成一种自主建构的阅读能力。这种自主建构的阅读能力一旦内化，所谓的读者积极活动也将随之展开，学生会拓宽自己的网状阅读。

在教师的引导下，学生会主动去读俄国作家的《白公鹅》，感受其表达特点和语言风格，并将中外两位作家写的同一种动物进行比较、对照，在完善对白鹅这种动物特点认识的同时，对两位作家的风格也有了自己的见解。了解了老舍先生笔下猫的可爱和母鸡的可敬之后，学生对老舍也有了自己的认识。教师再引导学生读老舍的《我的母亲》，体会老舍对母亲的敬佩之情，感受母亲的伟大；推荐同步阅读中的《柱子上的母鸡》和《母鸡》，让学生全面汲取这种动物的特点。学生的感受和体会在课堂上被我组合的这三篇文本激发，形成了浅显的自我阅读认知，接着再通过纸质文本和电子文本等进行巩固和深化，进而提升了素养。

当然，我们这种"1+1"整合方式，借用周一贯先生的"超文本"热词，就是一篇带一篇或一篇带多篇的超文本学习，更符合当今课程理念，可以培养具备适应终身发展和社会发展需要的必备品格和关键能力的学生。

还以我执教的"动物描写一组"为例。本节课我设计的教学目标很简单，就是引导学生学会"运用具体的写作方法，通过具体事例来描写动物特点"。阅读是输入，写作是输出。学生在三篇文本中感受和体会到了作者对动物的喜爱和尊敬。他们在读完后自己也爱上了作者笔下的这些动物，这个时候他们一定想写写自己喜欢的小动物，希望别人读后也能够喜欢上自己写的小动物。这就需要一定的方法。

要想抓住动物特点，需要细致观察和认真思考，这是实践；通过具体事例来真实再现动物特点也需要观察和思考，这就要渗透学文形成的自我感受。运用写作方法形象地展现动物特点需要从三篇文本中整理作者的写作方法。一个作者用了对比的方法也许并不能令人信服，但两个作者在写动物时都用了这种写作方法，那就需要学生去体会这种方法的好处了，这样学生在习作中就会理所当然地运用这种写作方法。学生会将教师在黑板上出示的结构导图与学文过程中自我建构形成的结构图进行再比较、再对照，完善自己的认知，这样就形成了能力。

判断一堂课成功与否，关键在于学生是否得到了发展。本节课重点在于后面的动物描写小练笔。学文结束后，学生当堂进行练笔。很多学生都能够结合具体事例来描写动物的特点。因为学生水平的差异，运用具体写作方法的层次也不尽相同，但是大部分学生都能用上总结梳理的一两种方法。

习作表达是个长期积累的过程，也许一个小片段我们不能洞见学生的整片习作天空，但是却能发现他们在习作路上的点点亮光。当然，习作练习不能到此为止，学生应该相互交流这次描写动物特点的小练笔，互相评一评，然后再写。等学生读完相关文本后，应该就能交上一份合格的关于动物描写的习作答卷了。

"1+1"课程整合的理念似乎都能在周一贯先生的论文里找到依据和契合点，"1+1"中后一个"1"是超文本的数字化缩影，也是阅读课堂新常态中"1+x"后面的"x"，而我这次执教的整合习作指导课正是无数未知形式中的一种。当然，我本次执教的这节整合习作指导课还有很多漏洞。我给学生提供了帮助学生读懂课文、感受内涵的丰富文本，并且引导学生在文本之间进行比较、对照，但是最后却没有落实学生的验证。我想，在这节课的最后，学生心中一定还会留下一个大大的问号：为什么要用这些写作方法？他们知道用上这些写作方法好，但是好在哪里，却没有在课堂上得到验证。缺少了这一验证环节必将影响学生自主建构阅读能力，更长远的影响就是学生的写作质量和写作水平。因此，阅读文本的选择很重要，教师的有效引导更重要。

纵观我们的"1+1"课程整合和周一贯先生的语文课堂超文本结构以及阅读课堂新常态，这些理念无不折射出语文课程的本质。这些理念都提倡给予学生更多的学习载体，用超链接的方式组成超文本，引导学生比较、对照、验证，从而形成自我认知和阅读能力。这些能力一经形成，必将持久存在，内化为学生的核心素养。正如本次我执教的这节课，在教师的引导下，学生总结而成的结构树模型一定会在他们的脑海中长久繁茂。

授之以鱼不如授之以渔，由"鱼"到"渔"看似简单，却饱含着对语文传统教学理念挑战的勇气，更诠释了当今课程的时代理念。

（实践者：李光菊）

遇见更好的自己

公开课已经过去四五天了,但是自己却一直好像没有缓过劲来,这是我准备过的最纠结的公开课,大约是因为耗费了太多心血,所以有些心力交瘁了。这学期讲的公开课都是有些"凶险"的,因为来得突然,害怕一不留神出错。其实在很多人看来这次整合课对我来说是件容易的事儿,一度我自己也这么认为。

我以为在《秋天的雨》那节课中,我已经摸清了整合课的门路,这次再按照原来的套路讲一遍应该是件轻车熟路的事情。于是我不慌不忙地确定了要整合的课题——《赵州桥》与《卢沟桥》,因为这两篇文章无论是在结构形式上还是在写作方法上都有诸多相似之处,在我看来将它们整合在一起应该不是一件很难的事情。但是事实证明我太过天真了,这节课成为我上班以来上过的最纠结的公开课。从接到通知到讲课大约有两周的时间,时间拖得越久,有关这节课的很多想法就越发在脑子里反复浮现,我就越来越怀疑自己这样做行吗,对吗,可以吗,问的越多,心里生出来的不确定也就越多。

讲课前的那个周末我没有回家。尽管心里的想法不确定,我依旧按照自己的想法和思路做出了教学设计和课件,周一的时候也在三班进行了试讲。由于思路跟《秋天的雨》那节课相差无几,所以试讲还算顺利。李玉玺老师让我试讲完找他,那天下午我揣着一颗忐忑的心找到了他,因为我害怕被推翻,害怕从头再来。果然没出所料,他否定了我的想法,一针见血地指出了我的设计思路太过陈旧,毫无新意,而且设计的目标太多,希望学生学到的重点不突出,泛泛的学、泛泛的教最终导致的结果就是孩子什么都学不到。然后李玉玺老师让我回去改,让我挑战一下自己,但是却没有告诉我到底应该怎么做。走出办公室,我连仅存的一点底气都没有了,用大海的话来说我当时看着都要哭出来了。

一直以来,讲公开课我都是参照别人的多一些,因为觉得那样好像有底气，不会出错，但是这一次我要自己来，要打破传统，设计一种全新的思路，这对我而言是一种极大的挑战。

《赵州桥》这篇文章是一篇相对传统的文本，像这样传统的文本好讲又不好讲。好讲是因为倘若参考别人，我会有一堆大同小异的资料，不好讲在于要想把传统的课讲新颖、讲出彩，得完全靠自己琢磨。

那两天我就像魔怔了一样，见人就问《赵州桥》怎么讲才算新颖，但是大家都苦笑着给不了我答案。我只好一遍遍问自己，这篇文章到底该怎么讲，既然是"1+1篇"阅读整合课，我该用怎样不同以往的方式把我这个"1"呈现出来，我的学生们应该从我这个"1"里面学会怎样的方法，完成怎样的能力发展？好几天夜里我都睡不着觉，脑袋里翻来覆去都是这几个问题。但是灵感就像个调皮的孩子，你越需要它，它越是不来。那几天，我深深感到自己的不足，懊悔自己没有在以前多研究名家的教学设计，没有在教学中勤反思，多积累，没有储备足够的资源，心里满是"书要用时方恨少"的无奈。

周一的业务学习中，大家对上一周的课进行评课，很多老师指出前一周的整合课里，许多课语文味不足。整合之后的课堂不应该把原有的朗读、书写丢掉，只剩下干巴巴的方法性、技巧性知识。说到底，语文还是要培养孩子的情怀与素养的，倘若语文课上没有书声琅琅，没有师生在语言文字间的肆意徜徉，那么我们的语文课将变得枯燥和无趣。我们的孩子还能爱上语文课吗？如果连热爱都没有了，能力的提高、素养的提升该从何谈起？这些问题深深地困扰着我，就像几块大石头压在我原本就不轻松的心上。我在想是不是我们都把整合课的意义窄化了，谁说整合课就一定只剩下干巴巴的方法和技巧，谁说整合课就一定与传统的品词析句相矛盾？我想整合课的初衷是为了扩大孩子的阅读量，助力孩子能力的发展，但是并不一定只有从文章中提炼出方法和技巧才能助力孩子能力的发展。它一定有很多其他的方式，只不过我们只找到了最便于操作的一种而已。

那几天我又几乎翻遍了所有能找到的教学设计，我想找到一些思路，既让我的语文课形式新颖、充满语文味，又能与文本相结合，助力孩子能力的发展。但是一连找了几天,想了几天,脑袋都要想破了,可我还是一点思路、一点启发都没有。满心沮丧的我想要放弃,不想想了,不想改了,想要维持原有的设计。但是心里总有个声音在说:"你不可以就这样算了。"虽然说起来好像是李玉玺老师在逼着我不断探索,但是我觉得在内心的更深处,其实是我自己跟自己较劲,我不想就这样半途而废,无功而返,因为不甘心。

终于,在我辗转难眠几天后的一个夜里,灵感来了,脑袋里忽然闪现出一个想法:既然是要为三个特点找一个新颖的载体,那我为什么不设计一个名片呢?以名片为脉络既串联起了整篇课文,又明确地突出了三个特点,而且孩子们在从文本中找信息填充名片的过程中也锻炼了搜集、整理文本信息的能力。

那天晚上我因为自己新奇的想法,兴奋得久久不能入眠。第二天我早早地爬起来跑到教室,一口气修改完了原有的教学设计和课件,虽然心里依旧不能肯定自己这样的教学设计是不是对的,但是心头还是充满了如释重负的轻松感,这么多天压在心头的大石头终于搬走了。

调整思路后,我豁然开朗,既然我要讲的是"1+1篇"阅读整合课,所以我就必须要落实好前一个"1"。我要在这一个"1"里面让孩子们学会学文的方法,形成学习的能力,然后在后一个"1"中把学到的方法加以迁移运用,将抽象的概念变为自己实际拥有的能力。

在《赵州桥》这篇文章中,从大的面上看,我通过精讲让孩子们掌握"围绕一句话写具体"的写作方法;从点上看,通过这篇文章的学习,孩子们掌握了数字表达、关联词、过渡句等使文章表达更准确、更具体、更通顺的写作方法。孩子们在掌握这些方法之后自学《卢沟桥》这篇文章,自己找出卢沟桥的主要特点,并发现作者是通过数字表达、关联词等写作方法使文章的表达更准确、更具体。

从课的具体呈现方式来看,我抛弃了传统的问答式课堂教学,而是采用了名片为教学载体,这种新颖的方式不但会引发学生的兴趣,而且也让传统的文本散发出新的光辉。语文课程标准总体目标与内容中指出"学生要初步具有搜集和处理信息的能力"，而孩子们在从文章中搜集信息、制作名片的过程，恰恰是一个形成搜集和处理信息能力的过程。在第一篇文章的学习中，孩子们在教师的帮助下，学会这种搜集和处理资料的方法，而在第二篇的学习中教师就把这一权力放手给学生，让学生自己去搜集和处理资料，自己试着为卢沟桥制作一张名片。这样一来，搜集和处理资料就由教师口中的方法，变成了学生实实在在拥有的能力，学生自身的能力就得到了发展和提升。

但是在正式讲课的时候，由于我准备得不够充分，还是出现了一些问题。首先，最大的问题就是时间问题，由于准备的内容不够饱满，导致没有上满四十分钟，在上到第三十五分钟的时候，我就已经结束了所有要上的内容。其次，在课堂上我总是害怕控制不住学生，所以该放手的地方没有放手，比如让孩子带着想象去读"龙"形态各异样子的时候，我其实是可以让孩子去演一演的，但是我没有，以至于像"相互抵着""回首遥望"这样的词语，孩子们理解得并不是很好。再就是很多地方设计得不够巧妙，如"洨河"的"洨"字，孩子们总是容易与"蛟"龙的"蛟"字相混淆，其实这个地方我应该从字理上入手，带孩子从字源上去区分这两个字的不同。

这次讲完课我并没有以往那种如释重负的轻松感和愉悦感，我开始思考整合课的意义到底在哪里。我想前一个"1"对于孩子来说就是能力的此岸，而后一个"1"则是能力的彼岸，我们教师所要做的就是这个"+"，即架起一座桥梁让孩子获得方法，完成由能力此岸到彼岸的发展。那对于教师来说整合的意义在于什么？我想在于改变和挑战。作为课程建设者和实践者的我们，站在课程的中心去寻求改变，应对挑战，而在这一次次的改变和挑战中，我们自身的专业知识和专业能力也得到了有效的提升与发展，我们在一次次的"柳暗花明"中终将成为更好的自己。

（实践者：崔佳星）

后　记

迄今为止,我在小学语文教学研究的道路上已走过了近二十个春秋,经历了小学语文数次改革。在此过程中,我不断地思索,小学语文教学应如何与课程改革相适应,小学语文课堂教学的本真应该是怎样的。当下小学语文课堂教学仍然存在低质、低效的现状,究其原因还是出在教师对语文学科本质属性的认识偏颇上。具体表现为:一是课堂上仍然存在以教文章内容为主的烦琐分析式讲解;二是课堂教学忽略了学习的过程性,课堂上没有学生真实学习的发生;三是学生有质量的阅读不足,而且阅读量不达标。

针对上述问题,我一直在思考应如何解决上述教学中的病症,真正让语文课堂教学提质增效。"课文无非是个例子",再读叶圣陶先生的这句话,我依然受益匪浅,细思之余,仿佛另一层意蕴浮现出来。是的,课文就像数学课中的例题一样,我们应该通过一篇篇文本,让学生经历学习的过程,学习文章中的语言文字,掌握相应的语言文字表达规律,从而形成一定的语文素养并进行迁移巩固。于是我构建了小学语文"1+1"助学课堂模式,课文是前一个"1",重点让学生学习语言文字及其相关的语文知识;后一个"1"则需要对学生前面的学习进行迁移巩固和提升,起到练习实践的作用。关于"1+1"助学课堂,本书提出了五种课型,这样的课堂建构遵循了"认知—实践—迁移"的学习规律,同时也保障了学生既有"质"又有"量"的阅读,让语文学习更有深度。温儒敏教授提出语文学习应该让学生"连滚带爬"地去阅读,也是这个道理。

"1+1"助学课堂,从结构上看,有效增加了学生的阅读量,给予学生更充分的语文实践机会。其实它的核心价值更体现在教学理念的变革上。针对当下课堂中存在的"教师教得多,学生学得少"的现状,"1+1"助学课堂指向了"生学为本，师教为助"的教学理念，提倡知识应由学生自主学习习得。教师助力学生学习是"1+1"助学课堂的本质属性之一，教师的价值不在于教得多好，而体现在是否设计有效的教学策略，帮助学生经历学习的过程，形成学习能力。本书中阐述的有关理念和课例，侧重点主要是介绍教师在前一个"1"中如何助力学生学习，形成相应的能力，在后一个"1"中如何让学生开展独立自主的学习，巩固能力。

"1+1"助学课堂是研究学生学习的课堂，这是课程改革积极倡导的改革方向。以学为中心的"1+1"助学课堂折射出的课改理念和价值得到了同行的认可和专家的支持，2015年度先后被省、市规划办立项为"十二五"规划课题，同时，此项研究成果也顺理成章地成为了我攻读教育硕士的学位论文。

以学为中心的"1+1"助学课堂从提出到形成成果，已历经几年的时间，本书呈现的是阶段性的研究成果。本书中的案例一是来源于我自己上过的研究课，二是我指导工作室部分优秀年轻教师执教的研究课，三是学校骨干教师薄其玉和张卫艳老师执教的研究课。在此对提供案例的老师表示感谢。研究成果得以出版成书，离不开团队的精心付出，更离不开工作室导师孙传文主任的特别关注与支持。在研究中，孙主任无数次深入课堂亲自听课指导，无数次开展专题研讨。有了这样一个扎实的研究过程，才得以让研究取得质的发展，才得以让"1+1"助学课堂研究之路走得更加稳健而宽阔。最后，本书的成稿还要感谢孟艳、林春晓、崔佳星、李光菊、宁雯等老师对书稿的字斟句酌。

成果仅仅是过去研究的总结，小学语文课堂研究还有很长的路要走，"1+1"助学课堂也要不断向课堂教学改革的纵深处发展。希望借此机会，在导师的指导下，与工作室的成员一路前行，在小学语文课堂改革的道路上取得更加丰硕的成果。

李玉玺

2016 年春